KB275893

HI°MA Volume 1

떼오도르 베자와
시편찬송

"떼오도르 베자(Theodore Beza)"는 베자 탄생 500주년을 맞이하여 조병수 교수가 2019년 6월 24일 프랑스 위그노 연구소에서 기념특강으로 발표한 글이며, "시편찬송(The Huguenot Psalter)"은 제1회 프랑스 위그노 연구소 정례회에서 조병수 교수가 2019년 8월 22일에 발표한 글이다.

프랑스 위그노 연구소 연감
Huguenot Institute & Museum Annual
Volume 1 February 2020

떼오도르 베자와
시편찬송

초판 1쇄　2020년 2월 20일

발 행 인　조병수
지 은 이　조병수
디 자 인　김민정
펴 낸 곳　도서출판 가르침
주　　소　경기도 용인시 수지구 성복1로 157, 106동 502호(16854)
홈페이지　http://huguenot.kr/
인 쇄 처　예원프린팅 (031)902-6550

ISBN　979-11-968579-1-2
값　6,000원

이 도서의 국립중앙도서관 출판예정도서목록(CIP)은 서지정보유통지원시스템 홈페이지(http://seoji.nl.go.kr)와 국가자료종합목록 구축시스템(http://kolis-net.nl.go.kr)에서 이용하실 수 있습니다.(CIP제어번호:CIP2020006119)

떼오도르 베자와 시편찬송

Theodore Beza and the Huguenot Psalter

조병수

떼오도르 베자 Theodore Beza ...7

시편찬송 The Huguenot Psalter ...49

떼오도르 베자

조병수 | 프랑스 위그노연구소 대표, 합동신학대학원대학교 교수

떼오도르 베자(Theodore de Béze, 1519-1605)는 깔뱅의 뛰어난 후계자이자 동료로 16세기의 종교개혁자들 가운데 유일하게 17세기를 산 종교개혁자이다. 이것은 베자가 종교개혁과 정통주의를 연결하는 결정적인 교각의 역할을 했다는 것을 의미한다.

1. 베자의 유년시절

베자는 1519년 6월 24일 베즐래(Vezelay)에서 부유한 지방행정관인 삐에르 드 베즈(Pierre de Besze)의 아들로

태어났다.[1] 베자가 채 세 살도 되기 전에 그의 어머니는 사망했다. 삼촌인 니꼴라 드 베즈(Nicolas de Besze)가 베자를 파리로 데려갔고, 베자는 아홉 살 되던 해인 1528년에 깔뱅의 은사이기도 한 멜키오르 볼마르(Melchior Wolmar)라는 유명한 헬라어 학자에게 위탁교육을 받기 위해 오를레앙(Orleans)로 갔다.

멜키오르 볼마르

볼마르는 그리스도의 의에 대한 신앙으로 말미암아 의롭다 함을 받는다는 루터의 사상을 받아 가톨릭과 결별하는 단계에 있었기 때문에 1535년에 독일로 도피하였다. 이때 베자는 볼마르를 따라갔으나 법학을 공부하라는 부친의 요구를 이기지 못하고 다시 오를레앙으로 돌아갔다.[2] 그러나 베자는 볼마르에 의해 자연스럽게

---

1) Schaff, *History of the Christian Church, vol. 8, The Swiss Reformation*, 845-875.

2) 특이하게도 프랑스의 종교개혁 지도자들 가운데 Calvin, Nicolas des Gallars, Jean Crespin, François Hotman 등 여러 사람이 법학을 공부하였다(Kingdon, *Geneva and the Coming*, 11).

신교의 사상을 접하게 되었다. 1539년 베자는 스무 살 나이에 파리로 가서 그의 삼촌과 함께 법률가로 활동하면서 소원대로 문학을 공부했고 최고의 파리 사회에서 생활을 하게 되었다.

1544년 베자는 두 친구 앞에서 평범한 사람의 딸인 끌로디느 드노스(Claudine Denosse)와 비밀리에 결혼을 했다(친구 중에 한 명은 유명한 법학도인 쟝 끄르스뺑(Jean Crespin)으로 후에 제네바에서 다시 만난다). 그들은 후에 상황이 좋아지면 공식적으로 결혼하기로 약속했다. 베자 부부가 사십 년 동안 금슬 좋게 살았다는 사실은 이 비밀결혼이 지나가는 애정 때문이 아니었음을 증명한다.

1548년 베자는 유명한 라틴어 시집 "유벤닐리아"(Juvenilia)를 발표하는 등, 앞길이 창창한 사람이었지만, 갑자기 심각한 병에 걸려 죽음에 직면하게 되었다. 그때 베자는 여러 가지 일로 양심에 가책을 받았다. 그는 비밀결혼을 마음 아프게 생각했으며, 속으로는 신교 사상을 가지고 있지만 겉으로는 가톨릭의 충실한 신자인 척하면서 가톨릭교회의 녹을 받아먹는 것에 가책을 느꼈다. 그때 볼마르의 가르침이 그에게 돌아왔다. 베자는 이 세상이 공허하게 느껴지면서 드노쓰와 함께 스위스 국경을 넘어 제네바로 들어갔다. 거기에는 친구인 끄

르스뼁이 신교 신앙을 위해 와 있었고, 깔뱅이 살고 있
었다.

2. 로잔의 베자

  베자는 깔뱅과 인사를 나눈 후에 첫 번째 일로 드노쓰
와 교회에서 결혼식을 거행했다. 그는 잠시 동안 끄르스
뼁과 인쇄업을 할까 생각을 했지만, 튀빙겐에 머물고 있
었던 볼마르를 방문하고 나서 로잔(Lausanne)을 통과할
때 환영해주었던 삐에르 비레(Pierre Viret)의 설득을 받아
로잔 아카데미의 그리스어 교수로 취임했다. 1549년 11

베자 29세

깔뱅

월 6일이었다. 베자는 드디어 큰 영향력을 끼칠 수 있는 길에 발을 디딘 것이다. 그는 공개강의에서 로마서와 베드로서신들을 가르침으로써 열정과 성경학식을 증명하였다.

베자는 끌레망 마로(Clément Marot)가 시작한 시편번역을 계속하여 1551년에는 마로의 49곡에 34곡을 더하여 83곡의 시편찬송(Pseaumes Octantetrois de David)을 펴냈고,[3] 고전적으로 구성된 "아브라함의 제사"라는 드라마를 출판했다. 이 드라마는 로잔 아카데미의 학생들이 배역을 맡아 시연되었다.

로잔에 머물고 있는 동안 베자는 전염병에 감염되었다. 그때 깔뱅은 파렐(Farel)에게 편지를 보내면서 베자를 주목하였다 (1551년 6월 15일). "나는 그에게서 모든 사람이 흠모

삐에르 비레

---

3) 베자는 1562년에 시편 150편 전곡을 담은 시편찬송(Les Pseaumes mis en rime francoise)을 완성하였다. 1562년 시편찬송의 표지는 Pidoux, *Le Psautier Huguenot due XVIe Siècle*, vol. 2의 부록 **vi**에 있는 그림 9를 보라(Page de titre de l'édition de 1562, par Jean Bonnefoy, à Genève).

할만한 사랑의 정신과 고귀하고 순수한 예절과 열린 마
음을 발견했습니다."

끌레망 마로

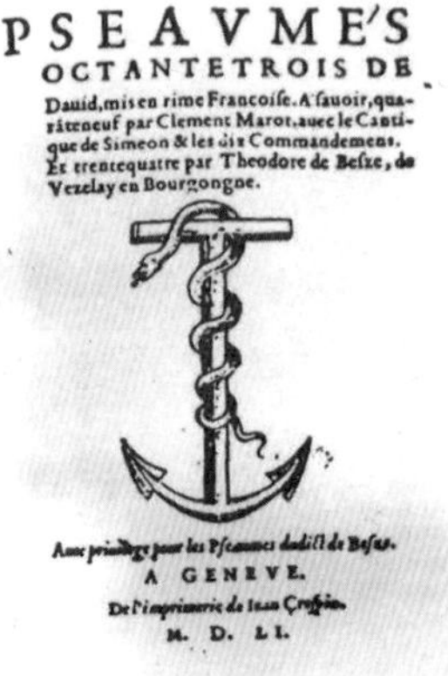

88곡 시편찬송

　베자는 1552년부터 예정론을 논리적으로 정리하는
일에 몰두했는데, 1555년 7월 29일에는 깔뱅에게 편지
를 보내 에베소서 1:4("창세전에 그리스도 안에서 택했다")와 로
마서 9:11-23(영원한 저주를 위한 진노의 그릇과 영원한 영광을 위
한 긍휼의 그릇을 준비하신 하나님의 뜻)이 어떻게 조화를 이룰
수 있는지 질문을 했다.[4) 이것은 창세전 하나님의 작정
과 예수 그리스도 안에서 계시된 하나님의 구원의 뜻을

---

4) Neuser, "Dogma und Bekenntnis in der Reformation", 319.

조화시키려는 시도였다.[5] 이때 베자는 하나님의 창세 전 작정이 근본원인이라면, 예수 그리스도 안에서의 선택은 하나님의 뜻의 실행(executio)이라고 생각했다. 이렇게 하여 베자는 그리스도중심적인(christozentrisch) 예정론보다 신중심적인(theozentrisch) 예정론을 주장했는데, 따라서 그에게는 예정론이 교리학의 시작에 위치하며 신론의 일부로 간주되었다.[6] 그리고 베자에게는 구속의 드라마가 처음부터 예정론 아래 진행된 것으로 여겨졌다.[7] 이것은 베자의 중심사상이 하나님의 주권적인 뜻이었다는 것을 보여준다.[8] 베자는 나중에 깔뱅의 후계자가 되어 예정론을 정리하는 일에 더욱 힘을 썼다. 그래서 베자의 첫 작업은 깔뱅의 예정론을 엄격하게 신학

34세의 베자

---

5) Neuser, "Dogma und Bekenntnis in der Reformation", 319.

6) Neuser, "Dogma und Bekenntnis in der Reformation", 320; Steinmetz, *Reformers in the Wings*, 119: "Predestination became thereby a logical and necessary consequence of Beza's doctrine of God."

7) Steinmetz, *Reformers in the Wings*, 119.

8) Steinmetz, *Reformers in the Wings*, 119.

적인 체계로 정리하는 것이었다고 말할 수 있다.[9] 그의 예정론은 1555년 나온 "전 기독교의 요약"(*Summa totius Christianismi* [*Tabula Praedestinationis*])[10]와 1582년에 나온 "예정론"(*De praedestinatione doctrina*)에 잘 서술되었다. 베자의 예정론을 도식화하면 다음과 같다.[11]

은혜 ←	하나님의 성품	→ 공의
선택 ←	작정	→ 유기
└	창조	┘
그리스도 안에 있는	← 타락 →	아담으로 말미암아
하나님의 사랑 표현	‖	하나님의 증오 상속
↓	‖	↓
효과적 부르심	‖	부르심 없음
신앙	‖	강퍅케 하심
칭의와 성화	‖	불의
└	심판	┘
택자의 영화	←하나님의 영광→	유기자의 멸망

---

9) Kickel, *Vernunft und Offenbarung*, 161: "Aber Bezas erste theologische Tat ist es, daß der Calvins Prädestinationslehre, die in gewissem Sinne noch eine solche Beschreibung und ein solches Nachsprechen der biblischen Aussagen war, in ein strenges wissenschaftliches System bringt."

10) 영어번역: Beza, Theodore, *A Brief Declaration of the Table of Predestination* (안성균 역, 『베자의 예정론』).

11) Kickel, *Vernunft und Offenbarung bei Theodor Beza*, 115.

베자는 이단들에 대하여 관대하지 않았다. 그가 1554년에 저술한 "이단들에 관하여"(*De Haereticis a Civili Magistratu Puniendis*)는 미카엘 세르베투스(Michael Servetus)가 1553년에 삼위일체론을 부인하여 처형당한 사건을 정당한 것으로 간주했다.[12] 베자는 로잔에서 활동하는 동안 1556년 아버지에게 신교의 신앙을 설득하기 위해서 기독교 신앙 고백을 진술하는 글을 썼다. 그러나 그의 시도는 물거품으로 돌아갔다. 그의 아버지는 베자의 확신을 전혀 받아들이지 못하였고 사망할 때까지 겨우 부분적으로 화해를 하였을 뿐이다.

1556년 11월 27일 프랑스 국왕 앙리2세는 삐에몽(Piemont)의 왈도파에 혹독한 박해를 가하였고, 1557년 봄 토리노(Turin)의 의회는 왈도파에게 로잔과 제네바에서 파송 받은 목사들을 교부한 후 가톨릭으로 전향할 것을 강요하였다. 제네바 목사회가 이와 같은 왈도파 박해의 소식을 들었을 때, 베자와 기욤 파렐(Guillaume Farel)을 스위스의 여러 신교 동맹 도시들에 파송하여 프랑스 왕궁에 사절을 보내 박해를 중지할 것을 요청하게 되었다. 이렇게 하여 베자와 파렐은 베른(Bern), 취리히(Zürich), 샤프하우젠(Schaffhausen), 바젤(Basel) 등으로 길

---

12) Steinmetz, *Reformers in the Wings*, 116.

을 떠났다.[13] 불링거는 기꺼이 두 사람을 지지해주었고, 두 사람은 가는 곳마다 긍정적인 인상을 심어주었다.

기욤 파렐

스위스 전역을 돌면서 왈도파의 박해 중지를 위한 요청을 하던 베자와 파렐은 개인적으로 남부 독일의 신교 군주들과 도시들에게도 박해 중지를 위해 프랑스 국왕에게 사절을 보내거나 최소한 서신을 보내주기를 간청하였다. 그들은 독일 신교 군주들의 관심을 끌어냈다. 심지어 처음에는 깔뱅의 제자라는 이유로 그들에게 의심의 눈초리를 보내던 루터파 사람들도 그들을 반가워했다. 그러나 두 사람은 1557년 5월 14일에 괴핑겐(Göppingen)에서 성찬에 관한 견해를 표명한 것이 화근을 일으켰다. 불링거는 파렐과 베자가 왈도파 박해와 관련된 정치적인 파송을 교리와 신학 논의로 발전시킨 것을 못마땅하게 생각하였다. 또한 일각에서는 두 사람이 성찬교리에서 루터교와 일치점은 강조하고 차이점은

---

13) Campi, "Die Schweizerische Reformation", 119-120.

간과한 것처럼 보였기 때문에 예리한 추궁을 가하였다.[14] 사실 이것은 평화를 위한 목적 때문이었다. 그들은 공허한 논쟁이라는 모래톱에 기독교의 평화를 좌초시키는 것은 부끄러운 일이라고 느꼈던 것이다. 그러나 그들의 동료들은 신학적인 증오(odium theologicum)로 말미암아 이 두 사람이 진리에 충실하지 않았다고 비난하게 되었다. 하지만 깔뱅은 베자의 행실을 변호하기 위하여 불링거에게 서신을 보냈고, 언쟁은 종식되었다.[15]

3. 제네바의 베자

1558년에 베자는 깔뱅의 제안을 따라 그리스어 교수로 청빙되었는데, Viret와 그의 동료들이 유감스럽게 생각했지만 무엇보다도 깔뱅 곁에서 일하고 싶은 열망 때문에 그 청빙을 받아들였다. 베자는 제네바에서 활동을 시작하면서 "기독교신앙의 고백"(*Confession De Foi Du*

---

14) Raitt, *Eucharistic Theology*, 4는 베자의 논점을 다음과 같이 요약한다: "... the fact of the presence of Christ is not a matter of dispute. The mode of the presence is disputed, but it need not be a matter for division since it is also a divine mystery. The presence of Christ is not virtual, i.e., through his benefits, but it is substantial, i.e., Christ offers himself, his body given for us and his blood poured for us."

15) Raitt, *Eucharistic Theology*, 3.

Chrétien)이라는 당시의 베스트셀러를 출판했다(1558년). 이것은 분량이 그다지 크지 않은 책자로서 이듬해(1559년)에 라틴어로 번역되었다(*Confessio christianae fidei*).[16] 베자는 여기저기에서 자신의 신학을 전개했지만 깔뱅처럼 집약된 교리서를 저술하지 않았기 때문에 이 책의 의미는 작지 않다.

1559년 6월 5일 제네바 아카데미가 설립되자 초대 학장으로 취임하였다.[17] 그는 정치 영역에서 뿐 아니라 신학 논쟁과 학술 실력에서 충분한 경험을 쌓은 적임자였다.[18] 베자는 아카데미의 학장으로 취임하면서 제네바의 시민권을 얻었는데, 귀족 출신이었기 때문에 아무 지불 없이 신속하게 시민권을 취득하였다.[19] 베자는 40세의 나이에 최종적인 정착지와 최종적인 사업에 들어선 것이다. 동시에 그는 제네바에서 한 교회를 목회하게 되었다. 교직과 목회에서 그는 괄목할만한 성과를 거두

---

16) 영어번역: *The Christian Faith*, trans. by James Clark, Lewes: Focus Christian Ministries Trust, 1992.

17) 제네바 아카데미는 어문학을 가르치는 초등 과정(Schola privata)와 성경해석과 신학을 가르치는 고등 과정(Schola publica)으로 이루어져 있었다.

18) Raitt, *Eucharistic Theology*, 6.

19) 이에 비하여 깔뱅은 더 낮은 계층 출신이었기에 처음 제네바에 도착한 시점부터 23년이나 지나서 1559년에 베자보다 몇 달 후 시민권을 얻었다(Kingdon, *Geneva and the Coming*, 7).

었고 두 가지 모두 그의
끊임없는 노력으로 번영
하였다.

잔느 달브레

1560년 성탄절 즈음
베자는 나바르의 여왕 쟌
느 달브레(Jeanne d'Albret)
의 초청으로 네락에 가서
신교 개혁파 신앙을 설교
하였고, 여왕은 이 설교를 들은 후에 깔뱅의 교리를 받
아들이는 것을 공식적으로 선포하였다.[20] 이로써 프랑
스 위그노들은 왕족 가운데 빼어난 지도자를 얻은 셈이
되었다.[21] 당시 여왕의 아들이자 장차 프랑스의 국왕이
될 앙리 나바르는 어린 소년으로 잠시 베자로부터 개혁
파 신앙을 배웠던 것처럼 보인다.

4. 뿌와씨 회담

프랑스의 태후인 까뜨린느 드 메디시(Catherine de

---

20) Baird, *Theodore Beza*, 110-117.
21) 조병수, 『위그노』, 57.

까뜨린느 메디시

꼴리뉘 제독

Medici)는 아들 샤를르 9세가 겨우 열 살 남짓의 국왕으로 종교적인 이유 아래 국정의 심각한 분열에 봉착한 것을 보면서, 로마 가톨릭과 신교의 차이를 평화스럽게 해결하려는 목적을 가지고 미셸 드 로삐딸 재상의 중재로 양측의 대표를 뿌와씨(Poissy)에 불러 토론을 하도록 결정하였다.

프랑스에는 회담에 응할만한 마땅한 신학자가 없었기 때문에 위그노 지도자인 꽁데(Condé) 공과 꼴리뉘(Coligny) 제독은 제네바에 의뢰를 하였고 베자가 적임자로 선택되었다. 베자는 신교를 대표하는 책임을 지고 1561년 8월 22일에 파리로 갔고, 11명의 신교 대표자가 회담에 동행하였다.[22] 신교의 정치 대표로는 나바르 여

______

22) 독일 뷔르템베르크(Würtemberg)와 하이델베르크(Heidelberg)의

왕 쟌느 달브레와 앙리 나바르 그리고 엉주 공이 참석하였다. 가톨릭의 정치 대표는 국왕 샤를르 9세와 태후 까뜨린느와 마르그리뜨 공주가 참석하였다. 가톨릭 신학자로는 로랭(Lorraine)의 추기경 샤를르를 비롯한 여러 추기경들과 교황의 사절단 그리고 40명의 주교들과 박사들이 자리를 잡았다.

첫 번째 회담은 1561년 8월 23일에 파리에서 서쪽으로 조금 떨어진 센 강변에 있는 생제르맹 앙 레 (Saint-Germain-en-Laye)의

생제르맹앙레 성

성에서 열렸다. 주제는 화체설이었다. 이때 로마 가톨릭 측에서는 로랭의 추기경이 연사로 나섰지만 베자의 적수가 되지 못해 한 주 후에 기권을 하면서 신교 교리는 화해할 수 없는 것이라고 말했다.

두 번째 회담은 1561년 9월 9일에 Poissy에 있는 수녀원에서 개최되었다. 그것은 가톨릭이 모든 이점을 차

루터교 신학자들도 이 회담에 동참하였다(Raiit, *Eucharistic Theology*, 32). 후에 취리히의 Peter Martyr Vermigli도 개혁파 대표자들을 응원하기 위해서 참석하였다(cf. Raitt, *Eucharistic Theology*, 8, 35).

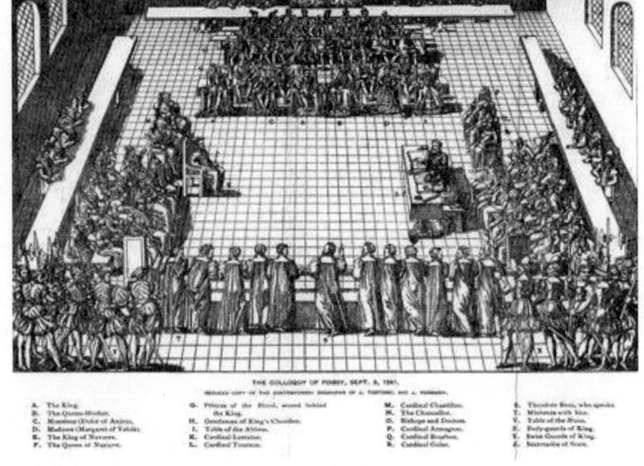

뿌와시 회담

지하고 있어서 바른 논쟁이라고 볼 수가 없는 것이었다. 스위스와 프랑스의 신교 대표자들에게는 좌석이 허락되지 않았기 때문에 응접실의 끝 쪽에 세워놓은 난간 밖에 서서 말해야 했다.[23]

그럼에도 불구하고 베자는 성실하게 논쟁에 참여하여 용감하게 입장을 견지했다. 베자는 먼저 특유한 방식으로 무릎을 꿇고 기도했는데, 그 기도는 깔뱅의 제네바 예식서에 나타난 대로 죄를 고백하는 것으로 시작되었다. 베자의 논증은 하늘이 땅에서 먼 것같이 그리스도의 몸은 성찬의 빵과 포도주에서 멀다는 것이었다(son corps est esloigné du pain et du vin autant que le plus haut ciel est esloigné

---

23) Steinmetz, *Reformers in the Wings*, 117.

de la terre). 이것은 성찬론에서 그리스도의 인성과 승천의 신학을 가르치는 개혁파 신앙을 잘 반영한 것이다. 신교의 교리를 왕가에 공개시키는 것을 불편하게 생각했던 가톨릭 성직자들은 화체설을 부인하는 베자의 발언을 듣자 베자가 모독적인 발언(blasphemavit)을 했다고 소리를 지르면서 소란을 피웠다. 그러나 베자는 이런 불쾌한 반응에도 불구하고 계속해서 발언하면서 성찬에 그리스도의 영적 임재라는 입장을 표명했다.[24]

세 번째 회담과 네 번째 회담은 각각 1561년 9월 24일과 26일에 작은 수녀원에서 열렸지만 조리 없는 논쟁이 되어버렸고 아무런 유익이 없었다. 태후는 어떤 일치가 있을 것이라고 기대했지만 허사로 그치고 말았다.

어쨌든 뿌와씨 회담에서 베자의 인생은 절정을 맞이하였다. 프랑스 국왕과 태후, 가톨릭 신앙을 숭앙하는 프랑스 왕족들 그리고 예수회의 대표격인 인물을 포함한 교황의 사절단 앞에서 개혁파 교회의 교리를 제시한 것이기 때문이다.[25]

베자는 탈진한데다가 중병에 걸려 11월 초까지 생제르맹앙레에 머물렀는데, 가톨릭을 떠난 것을 용서하는

---

24) 베자의 성찬론의 요점은 Raitt, *Eucharistic Theology*, 31-41에 잘 정리되어 있다.

25) Raitt, *Eucharistic Theology*, 8.

아버지의 편지를 받고 아버지를 만나기 위해 베즐래로 떠났다. 그러나 노중에서 프랑스 전역에 발생한 신교 박해에 대한 소식을 듣고 다시 파리로 발길을 돌렸다. 베자는 공적인 임무를 위해서 사적인 생활을 포기한 것이다. 그 이후 베자에게는 아버지를 만날 수 있는 기회가 다시 오지 않았다.

5. 위그노 지도자들의 자문

Poissy 회담은 성공적이지 않았지만 그렇다고 실패한 것도 아니었다. 왕가 앞에 신교에 대한 프랑스 로마 가톨릭의 횡포와 억압에 관해 호소할 수 있었기 때문이다. 이 회담의 결과로 1562년 1월 17일에 소위 "일월 칙령"(Édit de Janvier)이 발표되었다. 그 칙령에 따르면, 위그노들도 몇 가지 권리를 가질 수 있다는 것인데, 그 중에 가장 중요한 것은 낮에 성 밖에서 예배를 위한 집회를 가져도 된다는 것이었다. 교회를 되찾는 것과 새로 짓는 것은 허락되지 않았지만 위그노들은 베자의 조언을 따라 그 칙령에 순복하기로 했다.

그러나 1562년 1월 27일에 생제르맹에서 다시 성상사용과 성자숭배를 놓고 논쟁이 시작된 상황에서, 1562년

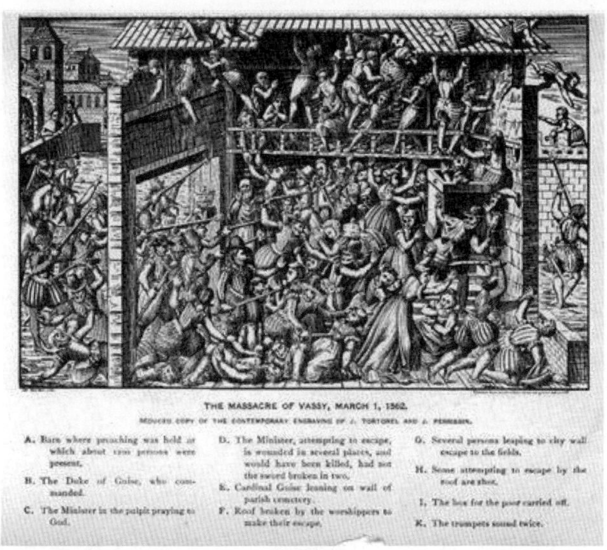

바씨 학살

3월 1일 프랑수와 기즈(Guise) 공작은 바씨(Vassy)에 있는 헛간에서 평화스럽게 예배를 드리는 무방비 상태의 신교도 수백 명을 무참하게 살상하는 만행을 저질렀다.

베자는 가톨릭교도들이 "일월 칙령"을 범한 것을 강하게 규탄했지만, 그들은 신교도들이 먼저 기즈 공작에게 돌을 던져 공격했다고 뒤집어 씌었다. 이때 베자는 돌을 던졌다고 하는 사람들만을 처벌했어야 한다고 말하면서, 다음과 같이 기념비적인 말을 덧붙였다. "내가 그 이름을 들어 말하고 있는 하나님의 교회의 몫은 타격을 참는 것이지 가격을 하는 것이 아닙니다. 그러나

모루와 망치

꼭 기억하기를 바라는 것은 수없이 망치를 닳게 하는 것은 다름 아닌 바로 모루라는 사실입니다."[26]

결국 신교와 가톨릭 사이에 첫 번째 시민전쟁이 벌어지고 말았다(1562년 4월 - 1563년 3월). 꽁데가 신교의 선봉에 서고, 기즈가 가톨릭을 이끌었다. 이것은 여덟 번 발발한 프랑스 시민전쟁의 신호탄이 되었다. 베자는 꽁데 왕자와 꼴리뉘 제독의 자문 역할을 맡아 거의 넉 달 동안 독일과 스위스를 돌면서 동맹을 확보하게 되었다.

프랑수와 기즈

그런데 시민전쟁이 발발한 1562년에 리용(Lyon)의 이레내우스(Irenaeus) 수도원이 위그노들에게 약탈되는 중에 베자는 성경의 전승 역사에서 극히 중요한 문서를 입수하게 되었다. 그것은 다름 아

---

26) 베자가 즐겨 사용한 "모루와 망치" 비유는 1580년에 출판된 "교회사"(*Histoire Ecclésiastique*)의 표지에 삽화로 등장한다. 이 삽화에 "나를 때리기를 즐길수록 망치들은 더 소모된다"는 의미의 글귀(*plus a me frapper on s'amuse, tant plus de marteaux on y use*)가 쓰여 있다(참조. 조병수, 『위그노』, 61).

닌 베자 사본(Codex Bezae Cantabrigiensis, D^{ea}사본)[27]이다. 베자는 이 책의 앞에 판독하기 어려운 필체로 글을 남기면서 이 역사적인 사건을 "발견(repertum)이라고 명명하

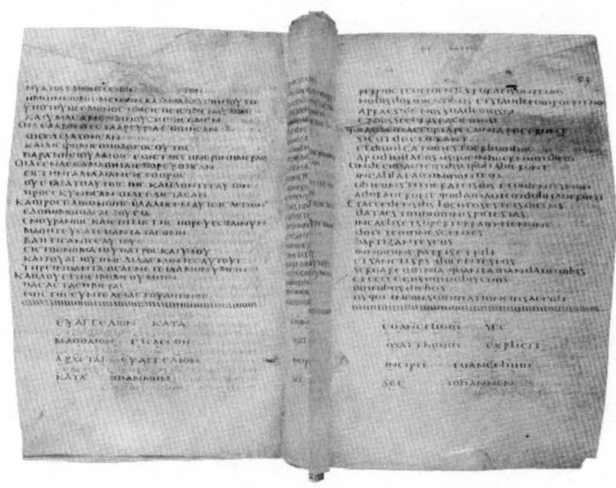

베자 사본의 마태복음 끝과 요한복음 처음

였다.[28] 의심할 바 없이 수도원 약탈에 가담했던 누군가가 이 사본을 베자에게 건네주었을 것이다.[29] 하지만

27) 이것은 복음서와 사도행전을 담고 있는데(아마도 원래는 공동서신도 포함되었을 것이다) 오늘날에는 5세기 사본으로 간주된다.

28) F. H. Scrivener, *Bezae Codex Cantabrigiensis, Being an Exact Copy, in Ordinary Type, of the Celebrated Uncial Graeco-Latin Manuscript of the Four Gospels and Acts of the Apostles, Written Early in the Sixth Century, and Presented to the University of Cambridge by Theodore Beza, A. D. 1581*, Cambridge: Deighton, Bell and co / London: Bell and Daldy, 1864, vii-viii.

29) Scrivener, *Bezae Codex Cantabrigiensis*, viii.

헬라어 학자였던 베자는 고대성을 가진 이 사본의 가치를 한 눈에 인식했지만, 종래 알고 있던 성경의 내용과 여러 면에서 차이를 보이는 특이성 앞에서 당혹감을 느꼈다.[30] 그는 이 사본의 안전한 보관을 위해서 1581년 12월 6일 캠브리지 대학에 헌정하였다.

1563년 2월 18일에 기즈 공작은 어떤 환상가적인 신교도(뽈뜨로 드 메레)에게 암살되었다. 그는 베자의 사주를 받아 이 일을 저질렀다고 둘러댔다. 암살을 성사시키는 조건으로 베자가 그에게 사후에 낙원과 성자의 높은 반열을 약속했다는 것이다. 베자는 어렵지 않게 혐의를 벗기는 했지만 공개적으로 해명을 해야만 했다. 그는 행위로 낙원을 얻을 수 있다고 선언하기에는 너무나 성경에 집착하는 학도가 되었다고 말했다.

프랑수와 기즈의 사망과 함께 전쟁이 끝났고 베자는 제네바로 돌아갈 자유를 얻었다. 그는 귀로에서 고향인 베즐래를 통과했지만 아버지는 이미 죽은 뒤였다. 거기에서 베자는 자신의 아내가 꽁데의 장모와 함께 스트라스부르크(Strassburg)에 있다는 소식을 듣고 우회하여 그녀를 데리고 제네바로 돌아왔다.

---

30) Baird, *Theodore Beza*, 235.

6. 깔뱅의 후계자

베자는 깔뱅에게 뜨거운 환영을 받았다. 그때 깔뱅은 이미 사망의 그늘에 덮여 있었다. 베자는 깔뱅이 가장 크게 신임하는 사람이었고, 사망시기가 가까워 오자 더욱 더 그를 의지하였다. 그들의 우정은 존경과 사랑에 기초했기에 결코 방해를 받지 않았다. 이 두 사람의 관계는 마치 츠빙글리와 불링거의 관계를 닮았는데, 교회에 매우 큰 유익을 주었다.

깔뱅의 사후에 베자는 즉시 그에 관한 고전적인 전기("깔뱅의 생애", Vita Calvini)를 기술했다(1565년). 제네바 시의회는 베자를 깔뱅의 후계자로 선출했다. 베자는 이 임무를 1580년에 은퇴할 때까지 완수했다. 그는 시와 교회에서 지도력을 발휘했고 학생들에게 설교와 강의를 했다. 그는 프랑스로부터 오는 피난민들과 다른 나라들로부터 오는 방문객을 맞이했다. 그는 매일같이 밀려오는 수많은 사무에 조언과 견해를 제출했다. 그는 엄청난 서신왕래를 감당했다. 때때로 논쟁에 참여하고 이단들을 축출했다.

베자는 비록 신학적인 학식과 통찰에 깔뱅보다는 못했지만 법정과 활동에서는 뛰어난 모습을 보여주었다. 그의 지도 이래 제네바 아카데미는 세상에서 가장 유명한 기관이 되었다. 1564년에 베자가 불링거에게 보낸 편지에 보면, 초등과정에는 1200명의 학생이 공부를 하였고, 고등과정에는 300명의 학생이 수업을 받았다.[31]

베자는 희곡, 역사, 설교, 주해, 논문 등 다양한 양식의 글을 쓴 사람이지만[32] 그 중에서 가장 중요한 것은 성경학자라는 사실이다. 1565년 베자는 에라스무스의 헬라어 판(1516년)에 기초를 둔 로베르 에띤느(Robert Estienne)의 헬라어 성경(1550년)을 활용하여 자신은 헬라어 신약성경(*Jesu Christi D. N. Novum Testamentum, sive Novum Foedus*)을 출판하였다. 이 성경에는 리용의 이레내우스 수도원에서 발견한 사본은 거의 사용되지 않았다.[33] 이 헬라어 성경에는 불가타 라틴어 번역과 1556년에 새롭게 번역해두었던 베자의 라틴어 번역이 병행적으로 인쇄되었다. 베자는 이 헬라어 신약성경에 자신의 방대한 주해(annotationes majores)를 첨부하였다. 이것은 장차 커버데일(Miles Coverdale)과 녹스(John Knox)의 주도 아래 출판된 제네바 바이블(신약 1557년, 구약 1560년)과 영국 제임스 왕의 시대에 영어성경(King James Version, 1611년)의 기

---

31) Kingdon, *Geneva and the Coming*, 15.

32) Steinmetz, *Reformers in the Wings*, 116.

33) Baird, *Theodore Beza*, 235. 베자는 리용의 사본(D^ea^)과 끌레르몽 (Clairmont) 사본(D^p^)를 1582년에 출판한 헬라어 성경(제2판)에는 사용하였다.

베자의 1565년 헬라어 성경 표지와 마태복음 처음1

초가 되었다.[34]

　베자는 깔뱅을 잇는 최대의 개혁교회 신학자였다. 그
는 깔뱅주의를 상당히 학문적으로 발전시켰다. 그래서
베자는 분명히 깔뱅의 신학 유산의 옹호자이면서도, 그
에게서는 아리스토텔레스의 개념(예를 들면 "원인")을 받아
들이는[35] 철학적 변증법(Dialectics)의 사용으로 종교개

---

34)　베자의 헬라어 신약성경에 대한 다음의 평가는 정당하다. H.
　　Heppe, *Theodor Beza. Leben und ausgewählte Schriften*, Leben und
　　ausgewählte Schriften der Väter und Begründer der reformirten
　　Kirche 6, Elberfeld: Friderichs 1861, 364: "그러므로 분명한 사실은
　　베자가 확립한 에띤느의 신약성경은 후에 라이덴의 출판업자인 엘
　　제비르(Elzevir) 가문에 의해 엄청나게 많이 보급되어 신시대에 들
　　어오기까지 공인본(textus receptus)으로 효력을 발할 수 있었다."

35)　Kickel, *Vernunft und Offenbarung bei Theodor Beza*, 161: "Hier muß
　　sich dann sofort der aristotelische Wissenschaftbegriff auswirken."

혁에서 정통주의(정통주의의 특징은 논쟁과 변증이다)로 진보하는 현상이 발견된다.[36] 베자가 지도하던 제네바 아카데미의 학생이었던 아르미니우스(Arminius)는 이에 반대하는 견해를 피력하였다. 아르미니우스의 사후에 그를 추종하는 네덜란드의 목사들이 제네바의 신학에 항론(Arminianism)을 제기한 것이 마침내 도르트레히트 회의를 소집하게 하는 결과를 낳았다.[37]

1568년에 제네바에 페스트가 번져 베자의 이복형제인 니꼴라(Nicolas)가 사망하였다. 그는 아버지를 뒤이었다가 위그노에 합세했는데 피난민으로 제네바에 온지 겨우 며칠 만에 화를 입은 것이다. 베자는 1570년에 신

라로쉘 총회 장소

---

36) Neuser, "Dogma und Bekenntnis in der Reformation", 318.

37) 이에 관한 논의는 다음의 글을 참조하라. D. Sinnema, "The French Reformed Churches, Arminianism, and the Synod of Dort (1618-1619)", in M. I. Klauber (ed.), *The Theology of the French Reformed Churches. From Henry IV to the Revocation of the Edict of Nantes*, Reformed Historical-Theological Studies, Grand Rapids: Reformation Heritage Books, 2014, 98-136.

학논문집(*Tractationes theologicae*)을 출판했다.

1571년 4월 2-11일에 라로쉘(La Rochelle)에서 개최된 제7차 총회[38]에서 베자는 의장(moderator)을 맡았다.[39] 그는 프랑스 밖에 정착했지만 "마음과 행동으로는 언제나 프랑스인"(toujours Français de coeur et d'action)이었다. 깔뱅 사후 "목사들의 대표이며 영혼"(le chef et l'âme du corps pastoral)이었다.[40]

이 총회는 여러 면에서 프랑스 신교 역사에 유일한 중요성을 가진다. 첫째로, 이 총회는 비밀 불법 집회가 아니라 왕권이 인정한 공개 집회였다. 둘째로, 이 총회는 군사와 경제에서 위그노의 요충지인 라로쉘에서 열렸다는 것이다. 당시 라로쉘은 신교의 사상을 인쇄하여 보급하는 문서 중심지였기 때문에 총회의 결정은 신속하

---

38) 라로쉘 총회의 회의자료는 다음의 문서를 보라. J. Quick, *Synodicon in Gallia Reformata; Or the Acts, Decisions, Decrees, and Canons of those Famous National Councils of the Reformed Churches in France*, vol. 1, London: Parkhurst / Robinson, 1692, 89-101; J. Aymon, *Tous les Synodes Nationaux des Eglises Reformées de France*, tome premier, La Haye (The Hague): Charles Delo, 1710, 98-111.

39) 라로쉘 총회에 관한 요약적인 설명은 다음의 글을 보라. R. M. Kingdon, *Geneva and the Consolidation of the French Protestant Movement 1564-1572. A Contribution to the History of Congregationalism, Presbyterianism, and Calvinist Resistance Theory*, Travaux d'Humanisme et Renaissance 92, Genève: Droz, 1967, 96-98. 아래의 설명은 Kingdon의 진술을 정리한 것이다.

40) G. Felice, de, *Histoire des Synodes Nationaux des Églises Réformée de France*, Paris: Grassart, 1864, 84.

게 널리 알려졌다. 셋째로, 이 총회에는 베자를 비롯하여 유명한 신학자들이 참석하였고, 취리히 교회는 뜨거운 친분의 메시지를 보내 베자의 유명세를 더하였다. 넷째로, 이 총회에는 평신도 대표자들이 대거 참석하였다. 그 중에는 나바르 여왕 쟌느 달브레와 꼴리뉘 제독이 있었다. 후에 위그노 진영을 이끌어갈 젊은 피인 나바르 앙리 왕자와 꽁데 왕자도 참석하였고, 화란의 신교 정치가 빌럼 오라니에(Willem Orange)의 동생 나싸우의 루이스(Louis Nassau)로 왔다. 베자가 내놓은 명석한 제안들이 대부분 총회에서 채택되었다. 라로쉘 총회는 당회 정치를 거부하는 쟝 모렐리(Jean Morély)의 민주주의적 주장(1561년)[41]을 비판하고, 교회의 치리를 행정관의 시민 통치와 혼돈하는 에라스투스 식의 주장을 거절하였다. 라로쉘 총회는 당회의 구성과 관련하여 목사(의장)와 장로를 회원으로 말하면서, 당회가 적합하다고 판단하는 경우에는 집사도 참석할 수 있다고 결정하였다. 후에 논리학과 교육학의 거장인 삐에르 라메(Pierre de la Ramée, Petrus Ramus)는 라로쉘 총회의 결정에 세 가지 내용에서 불만을 품고 친분관계를 맺고 있던 불링거에게 비판의 보고서를 보냈다.[42] 라로쉘 총회가 치리 결정을 너무

---

41) 조병수, 『위그노』, 63.

42) 라무스 사건에 관해서는 Kingdon, *Geneva and the Consolidation,*

목사들의 권한에 집중되었다는 것, 교회 치리를 거부하거나 세속 정치와 혼동하는 사람들을 정죄하였다는 것, 성찬 집행에서 "본성"(substance)이란 용어를 사용하기 거부하는 사람들을 공격하였다는 것이다. 라무스는 특히 성찬론에서 아리스토텔레스의 논리를 따르는 베자와 깊은 갈등을 빚었는데,[43] 이 갈등은 이듬 해 8월 바돌로매 대학살 때 라무스가 살해를 당하는 바람에 종결될 때까지 지속되었다.

바돌로매 대학살, Dubois 1572년

1572년 8월 24일, 곧 바돌로매의 날이 시작되는 자정부터 수많은 신교도들이 파리에서 학살을 당했고, 그로

99-111을 참조하라.

43) 이에 관한 간략하지만 매우 유용한 설명은 J. Moltmann, "Ramus", *RGG*³, Bd. 5 (1961, 1986), 777-78을 참조하라.

부터 여러 날 동안 프랑스 전역에서 똑같이 충격적인 일이 반복되었다.[44]

9월 1일에 상해를 입은 프랑스 피난민들이 처음으로 제네바에 모습을 나타내었다. 하루 동안 금식과 기도 후에 베자는 스위스 시민들에게 담대할 것을 권면하면서 고난당한 형제들에게 모든 지원을 아끼지 말 것을 당부했다. 베자는 이 시기에 "행정관의 판결에 관하여"(*De Jure Magistratuum*)를 저술했는데 종교적인 이유로 시도하는 혁명의 정당성을 주장하는 내용을 담고 있다. 이것은 베자가 평소에 생각하던, 기독교인은 폭군에 저항할 뿐 아니라 배척해야 한다는 사상을 반영한 것이다.[45] 바돌로매 대학살로 말미암아 결국 4차 종교전쟁이 발발하고 말았다(1572년 9월). 이 전쟁은 1573년 7월 6일 위그노에게 사면과 제한적인 자유가 허용하는 불로뉴 칙령(라로쉘 평화협정)이 발표됨으로 종식되었다. 이 와중에도 베자는 1573년에 "신학주제에 따른 서간집"(*Epistolarum Theologicarum*)을 출판했다.

1574년 3월 제5차 종교전쟁이 발발했을 때 베자는 독일 팔츠의 지도자인 요한 카시미르(Johan Casimir) 공이 위그노를 지원하도록 군대를 이끌고 오게 만들었다. 카

---

44) 조병수, 『위그노』, 67-69.

45) Steinmetz, *Reformers in the Wings*, 116.

시미르 공이 인솔하는 독일 용병이 신교에 합세하였다. 이 전쟁은 1576년 5월 6일 볼리유 칙령(머씨우 평화조약)으로 종결되었다.

베자는 1577년에는 모세오경의 법 조항들을 분류한 "하나님의 법"(*Lex Dei*)이라는 저술을 출판했다.

남프랑스를 중심으로 발발한 제7차 종교전쟁(1579년 11월)은 1580년 9월 26일 플레(Fleix) 평화조약으로 끝났고 잠시 동안 프랑스에 평화를 가져다주었다. 이때 베자는 신교 지도자인 나바르의 앙리 왕에게 편지를 써서 자신과 제네바가 종교개혁을 절실하게 필요로 하고 있다는 것을 솔직하게 알려주었다. 베자는 이런 정치적인 해결책을 모색하는 중에도 1580년에 프랑스 왕국의 개혁교회 역사를 저술했고, 1581년에는 신교의 연합을 장려하는 신앙고백의 조화(*Harmonia Confessionum Fidei*)를 저술했다.

7. 루터파와 회담

개혁파와 루터파 사이에 심각한 신학적인 갈등은 오랫동안 불명예가 되었다. 그래서 루터교인이면서 화해의 인물인 뷔르템베르크(Würtemberg)의 프리데리히

(Friderich) 백작은 위그노 피난민들이 많이 거주하는 묌펠가르트(Mömpelgard, Montbéliard)라는 자신의 영지에서 회담(Colloquium)을 열어 문제를 해결하고자 했다. 1586년 3월 21일에 회담이 시작되었다. 깔뱅주의 진영에서는 베자가 나서서 화해의 아름다운 정신을 보여주었지만, 루터파 지도자인 Jakob Andreae는 루터가 마르부르크(Marburg) 회담(1529년)에서 츠빙글리에게 보여주었던 것과 똑같은 정신으로 작별하는 시간(3월 29일)에 베자의 손을 잡기를 거절하였다.

펠가르트 회담은 1588년 4월 15일에서 18일까지 베른에서 재연되었다. 여기에서 루터파의 유명한 논쟁가인 사무엘 후버(Samuel Huber)가 베자와 토론을 했는데, 베자는 평상보다도 더 큰 승리를 거두었다. 이것은 베자가 공식으로 몸을 드러낸 마지막 토론이었다. 그때 베자의 신실하고 사랑하는 부인이 세상을 떠났다.

1592년에 베자는 바젤의 신학자인 안토니우스 레스칼리우스(Antonius Lescalius, Antoine Lescaille)의 칭의론에 반대하는 글을 썼다. 여기에서 베자는 칭의란 하나님의 이중적 행위로서, 한편으로는 예수 그리스도의 대속적인 죽음에 나타난 하나님의 행위이며, 다른 한편으로는 신자들을 위하여 그리스도로 말미암아 획득된 의의 전가에 나타난 하나님의 행위이다. 전가로 말미암아 사람에게 주어진 하나님의 선물은 죄의 용서와 영생의 인수이다.[46] 다시 말해서 베자에 의하면 그리스도의 죽음은 수동적 순종으로서 죄의 용서를 이루고, 그리스도의 삶은 능동적 순종으로서 의의 전가를 이룬다는 것이다.[47] 이렇게 베자에게는 칭의론이 그리스도의 이중적 순종과 연결되어 있다. 베자는 칭의에는 여러 가지 원인들(causae)이 있다고 생각하였다. 성령은 효과 원인(causa efficiens)이며, 말씀의 선포는 도구 원인(causa instrumentalis)이며, 그리스도는 자료 원인(causa materialis)이며, 하나님의 영광은 목적 원인(causa finalis)이다.[48] 베자는 칭의론을 전개하면서 신앙과 선행은 대치된다는 견해를 거절했다. 왜냐하면 신앙과 선행이 대치되는 것이 아니라, 신앙은 불신과 대치되고, 선행은 악행과 대치되기 때문이다. 베자에 의하면, 신앙과 선행은 각각 영혼의 다양한 능력들과 관련되는 것이다. 말하자면 신앙은 지성에 관련되며, 선행은 의지에 관련된다.[49]

---

46) Kickel, *Vernunft und Offenbarung bei Theodor Beza*, 169f.

47) Steinmetz, *Reformers in the Wings*, 118.

48) Kickel, *Vernunft und Offenbarung bei Theodor Beza*, 173, 182.

49) Kickel, *Vernunft und Offenbarung bei Theodor Beza*, 170.

8. 베자와 앙리4세

1589년 나바르의 앙리가 프랑스의 국왕 앙리4세로 즉위하였을 때 베자는 큰 소망을 품었다. 왜냐하면 앙리는 신교도였기 때문이었다. 그러나 1593년 초에 앙리4세가 프랑스의 평화와 번영을 위하여 신교 신앙을 버리는 결심을 했다는 소식이 제네바에 도착했다. 앙리4세의 신교 신앙 철회는 베자에게 큰 고통이 되었다. 베자는 애통한 마음으로 왕에게 편지를 보냈다. 내용은 왕에게 발생한 변화가 초래한 영원한 결과를 설명하는 것이었다. 베자는 앙리가 원수들의 음모로부터 벗어나 치명적인 발걸음을 내딛지 않을 것이라고 확신했다. 그러나 베자의 편지가 도착하기도 전에 일은 벌어지고 말았다. 1593년 7월 25일 주일 아침에 생드니(Saint Denis)에 소재한 수도원에서 앙리4세는 자신의 신교 신앙을 내버리고 가톨릭교회를 수호하기로 맹세를 하였다.

베자는 앙리4세의 배신을 보면서 크게 애통해 하였다. 그러나 베자는 앙리4세가 여러 가지 방식으로 옛 신앙동료들에게 호의를 베풀고, 특히 1598년에 낭뜨 칙령(Édit de Nantes)을 발표하여 프랑스에서 신교도들을 가톨릭교도들과 상당 부분 동일한 위치에 두었다는 소식을

들었을 때, 왕에게 더 소망
을 품었다.

1599년 앙리4세는 국경
갈등으로 사보이의 카를로
에마누엘레(Carlo Emanuele,
Charles Emmanuel) 공과 전쟁
을 치렀다. 사보이와 전쟁이

앙리 4세

진행되는 동안 1600년 12월 5일 앙리4세는 제네바 근
처에서 야영을 하는 중에 81세의 베자를 초청하여 대화
를 나눌 기회를 만들었다.[50] 베자는 그 기회를 놓치지
않고 앙리4세를 만났고 면담을 영예스럽게 마치면서 낭
뜨 칙령을 성실하게 시행할 것과 프랑스의 위그노들을
보호해줄 것을 당부하였다.

---

50) S. M. Manetsch, *Theodore Beza and the Quest for Peace in France,
    1572-1598*, Studies in Medieval and Reformation Thought, vol. 79,
    Leiden / Boston / Köln: Brill, 2000, 337; S. M. Manetsch, "Beza
    (1519-1605) and the Crisis of Reformed Protestantism in France",
    in Martin I. Klauber (ed), *The Theology of the French Reformed
    Churches. From Henry IV to the Revocation of the Edict of Nantes*,
    Reformed Historical-Theological Studies, Grand Rapids: Reforma-
    tion Heritage Books, 2014, 24-56, esp. 56.

9. 베자의 말년

베자의 인생은 서서히 끝나가고 있었다. 나이가 그에게는 무거운 짐이 되었다. 따라서 베자는 자신이 오랫동안 책임지고 있던 임무들을 하나씩 벗기 시작했다. 1586년에는 매일 설교하던 일을 그만두었고, 그 후 1600년까지 오직 주일에만 설교를 하였다. 1598년 베자는 아카데미에서 은퇴를 한 후에 자신의 도서관을 처분했다. 1600년에는 아카데미에서 마지막으로 공직을 수행했고 마지막 설교를 하였다. 그렇게 하여 베자는 16세기의 종교개혁자들 가운데 유일하게 17세기에 설교한 사람이 되었다. 그것은 16세기 종교개혁자가 행한 유일한 17세기 설교였다.

말년에 아주 열렬한 가톨릭 신자인 서른 살의 데 살레(Francis de Sales)가 베자를 찾아와서 저택과 연금을 약속하는 등 온갖 방법을 강구하여 베자를 회유하려고 애를 썼으나 실패하자 엄청난 재물을

77세의 베자

주겠다고 말했다. 그때 베자는 "나는 너무 늙고 귀가 어두워서 그런 말을 들을 수 없으니 돌아가라"고 응수했다. 이렇게 하여 베자는 귀가 어두운 것도 아니고 신교 신앙을 버리지도 않았다는 것을 증명했고 베자가 변절했다는 쓸데없는 소문도 꺼버렸다.

베자는 마지막 유언으로 깔뱅이 묻혀있는 쁠랭 빨래(Plain Palais)의 공동묘지에 묻어달라고 요청했다. 베자는 1605년 10월 13일에 하나님의 부르심을 받았는데, 그의 시신을 로마로 끌고 가겠다는 가톨릭교도들의 위협 때문에 제네바에 있는 삐에르 교회에 안장되었다.

베자는 루터, 멜란히톤, 츠빙글리, 불링거, 깔뱅 등 여러 종교개혁자들 가운데 당시의 표준에 따르자면 가장 완성된 신사였다. 그는 힘이 넘치는 사람이었고, 고전적인 지식을 소유하였으며, 재치가 많은 사람이었다. 깔뱅 사후에 베자의 성실한 노력으로 제네바는 평화와 번영을 맛보았고, 아카데미가 번창하여 학도들이 곳곳에 나가 하나님의 말씀을 전했고, 프랑스에는 많은 개혁교회가 설립되었다. 깔뱅은 그의 후임자이자 동료인 베자에게서 더욱 대담하게 재현된 것이다. 베자는 다시 살아난 깔뱅(Calvinus Redivivus)이었다. 그러나 베자의 일생을 살펴보면, 그가 자신을 깔뱅의 충실한 후임자이며 깔뱅이 가르치고 지지했던 모든 것을 보존하는 사람이라고 생

각한 것은 사실이지만, 그 자신 역시 혁신자(innovator)였음에 틀림없다.[51]

---

51) 참조. Raitt, *Eucharistic Theology*, 9.

참고문헌

Aymon, J., *Tous les Synodes Nationaux des Eglises Reformées de France*, tome premier, La Haye (The Hague): Charles Delo, 1710.

Baird, H. M., *Theodore Beza*, New York / London: Putnam, 1899, 110-117.

Campi, E., "Die Schweizerische Reformation in ihren reziproken Verhältnissen von Süd- und Nordeuropa," in Ulrich Wien, Mihai-D. Grigore (ed.), *Exportgut Reformation - Ihr Transfer in Kontaktzonen des 16. Jahrhunderts und die Gegenwart evangelischer Kirchen in Europa*, Göttingen: Vandenhoeck & Ruprecht, 2017, 117-128.

Beza, Th., *A Brief Declaration of the Table of Predestination* (*Tabula Praedestinationis*, 1555), trans. by William Whittingham, London, 1575. 한역: 안성균 역, 『베자의 예정론』, 서울: 나눔과 섬김 2004.

Beza, Th., *The Christian Faith*, trans. by James Clark, Lewes: Focus Christian Ministries Trust, 1992.

Felice, G. de, *Histoire des Synodes Nationaux des Églises Réformée de France*, Paris: Grassart, 1864.

Heppe, H., *Theodor Beza. Leben und ausgewählte Schriften*, Leben und ausgewählte Schriften der Väter und Begründer der reformirten Kirche 6, Elberfeld: Friderichs 1861.

Kickel, W., *Vernunft und Offenbarung bei Theodor Beza. Zum Problem des verhältnisses von Theologie*, Philosophie und Staat, BzGLRK 25, Neukirchen-Vluyn: Neukirchener 1967.

Kingdon, R. M., *Geneva and the Coming of the Wars of Religion in*

France 1555-1563, Cahiers d'Humanisme et Renaissance, Vol. 82, Genève: Droz, 1956, 2007.

Kingdon, R. M., *Geneva and the Consolidation of the French Protestant Movement 1564-1572. A Contribution to the History of Congregationalism, Presbyterianism, and Calvinist Resistance Theory*, Travaux d'Humanisme et Renaissance 92, Genève: Droz, 1967.

Manetsch, S. M., "Beza (1519-1605) and the Crisis of Reformed Protestantism in France", in Martin I. Klauber (ed.), *The Theology of the French Reformed Churches. From Henry IV to the Revocation of the Edict of Nantes*, Reformed Historical-Theological Studies, Grand Rapids: Reformation Heritage Books, 2014.

Manetsch, S. M., *Theodore Beza and the Quest for Peace in France, 1572-1598*, Studies in Medieval and Reformation Thought, vol. 79, Leiden / Boston / Köln: Brill, 2000.

Moltmann, J., "Ramus", *RGG*³, Bd. 5 (1961, 1986), 777-78.

Neuser, W., "Dogma und Bekenntnis in der Reformation: Von Zwingli und Calvin bis zur Synode von Westminster", in *Handbuch der Dogmen- und Theologiegeschichte, Bd. 2: Die Lehrentwicklung im Rahmen der Konfessionalität*, Göttingen: Vandenhoeck Ruprecht, 1980, 318-321.

Pidoux, P., *Le Psautier Huguenot due XVIe Siècle: Les Mélodies et Documents*, vol. 2. Documents et Bibliographie, Bale: Baerenreiter, 1962.

Quick, J., *Synodicon in Gallia Reformata; Or the Acts, Decisions, Decrees, and Canons of those Famous National Councils of the Reformed Churches in France*, vol. 1, London: Parkhurst / Robinson, 1692.

Raitt, J., *The Eucharistic Theology of Theodore Beza. Development of the Reformed Doctrine*, AAR Studies in Religion, Number Four, Georgia/Atlanta: Scholars Press, 1972.

Schaff, Ph., *History of the Christian Church, vol. 8, The Swiss Reformation: The Protestant Reformation in German, Italien, and French. Switzerland up to the Close of the Sixteenth Century 1519-1605*, Peabody: Hendrickson, 2002 (org. 1892).

Scrivener, F. H., *Bezae Codex Cantabrigiensis, Being an Exact Copy, in Ordinary Type, of the Celebrated Uncial Graeco-Latin Manuscript of the Four Gospels and Acts of the Apostles, Written Early in the Sixth Century, and Presented to the University of Cambridge by Theodore Beza, A. D. 1581*, Cambridge: Deighton, Bell and co / London: Bell and Daldy, 1864.

Sinnema, D., "The French Reformed Churches, Arminianism, and the Synod of Dort (1618-1619)", in M. I. Klauber (ed.), *The Theology of the French Reformed Churches. From Henry IV to the Revocation of the Edict of Nantes*, Reformed Historical-Theological Studies, Grand Rapids: Reformation Heritage Books, 2014, 98-136.

Steinmetz, D. C., *Reformers in the Wings: From Geiler von Kaysersberg to Theodore Beza*, Second Edition, Oxford: Oxford University Press. 2001, 114-120.

조병수, 『위그노, 그들은 어떻게 신앙을 지켰는가』, 수원: 합신대학원출판부, 2018.

프랑스 위그노 연구소 연감
Huguenot Institute & Museum Annual

Volume 1
February 2020

시편찬송

조병수 | 프랑스 위그노연구소 대표, 합동신학대학원대학교 교수

1. 예배와 시편찬송

1) 가톨릭 예배 배격

종교개혁이 시작된 후 가장 민감한 사안 가운데 하나는 가톨릭 예배의 근간인 미사(Mass) 배격과 우상 타파(iconoclasm)였다.

(1) 취리히

취리히의 훌드리히 쯔빙글리(Huldrich Zwingli, 1484-

1531)는 우상타파를 말하는 인문주의자들과 깊은 연계성을 가지고 있었다.[1] 1519년 취리히에 도착한 후 가톨릭 예배를 강력하게 비판하였다. 1523년 9월 1일 레오 유트(Leo Jud)의 우상 공격 설교는 베드로교회(Petrus-kirche)의 "그리스도 수난" 조형물(Pieta)를 파괴하는 사건으로 이어졌다.[2] 1523년 10월 26일 제2차 취리히 논쟁(Disputation)은 우상과 미사를 정죄하는 것으로 종료되었고, 마침내 1524년 6월 15일에 시의회는 우상 제거를 정당하게 요구하여, 모든 교회에서 주상과 성화 등을 제거하였다.[3]

(2) 비텐베르크

비텐베르크에서 1525년에 안드레아스 칼슈타트(Anderas Karlstadt, 1486-1541)는 미사와 우상을 강력하게 비판하였다. 마르틴 루터(Martin Luther, 1483-1546)는 칼슈타트의 우상 제거 주장에 동의하면서도 과격한 시행에는 비판을 가했다.[4] 루터는 로마서 강론(1515-16)에서 교회 장식비용을 비판하고 예배의 물질 대상들을 실제의

---

1) Eire, *War*, 77.

2) Eire, *War*, 79.

3) Eire, *War*, 82f.

4) Eire, *War*, 66.

그림자와 표이며 "유아적 물건"이라고 불렀다.[5] 루터는 더 효과적인 것은 가장 먼저 하나님의 말씀으로 마음에서 우상을 제거하는 것이라고 말하였다. 왜냐하면 우상이 마음에 자리 잡지 않으면 눈으로 보는 것은 아무런 해를 주지 않기 때문이다.[6] 그는 칼슈타트를 반박하면서 우상을 더욱 효과적인 방식으로 즉 외적으로뿐 아니라 내적으로 타파해야 한다고 주장하였다.[7]

(3) 프랑스

프랑스에서는 1534년 10월 17일(토)에 미사와 우상숭배를 배격하는 격문이 나돌았다(Placards 사건).[8] 이 문서는 뇌샤틀(Neuchâtel)의 엉뚜완 마르쿠르(Antoine Marcourt, 1485-1561)가 작성하고 출판업자 삐에르 드 빙글(Pierre de Vingle, 1496-1535)이 인쇄한 것이었는데, 심지어 엉부와즈(Amboise)에 머물던 프랑수와(François) 1세의 침실 문에까지 게시되어 박해의 화근이 되었다.

---

5) Eire, *War*, 67.

6) Eire, *War*, 70.

7) Eire, *War*, 71.

8) Eire, *War*, 189.

(4) 제네바

쟝 깔뱅(Jean Calvin, 1509-64)은 우상숭배가 인간의 타락에 기인한다고 보았다.[9] 타락한 인간은 하나님을 알지 못하기 때문에 우상을 섬긴다는 것이다(Inst. II.2.12.). 깔뱅은 쯔빙글리나 하인리히 불링거(Heinrich Bullinger, 1504-1575) 또는 요한네스 외콜람파드(Johannes Oecolampadius, 1482-1531)[10]처럼 우상을 불태우는 일을 부채질하였지만, 시정부의 승인 없는 불법 우상격파를 승인하지 않았다.[11]

2) 새로운 예배 시도

우상타파는 예배에 개혁을 불러일으켰다. 대표적인 예로 제네바의 예배 개혁을 살펴보자.

(1) 건물 내부의 변화

제네바에서 기존하던 일곱 교구 교회 가운데 세 교회

---

9) Eire, *War*, 203.

10) Poythress, *Oecolampadius*, 101f.에 의하면, 외콜람파디우스는 신자들에게 우상 그 자체를 넘어 죄에 대한 내면의 전쟁과 세속원리들에 대한 외적인 전투를 치를 것을 요구하였다. 우상을 해결하는 길은 우상을 깨뜨리는 것이 아니라 하나님을 아는 것과 하나님을 전적으로 향하는 데 있었다. 그럼에도 불구하고 시정부는 자주 주상과 성상과 벽의 성화를 제거하도록 명령하였다.

11) Eire, *War*, 74.

만 남겼다. 하나는 깔뱅과 동료들의 강의건물이 되었고, 하나는 일반건물이 되었고(나중에 제네바 신자의 수효가 급증하여 다시 교회로 사용함), 두 교회는 철거하였다.[12] 보존된 세 교회의 내부는 정리되었다. 오르간은 폐쇄하고, 설교의 시청각 효과를 위한 높은 강단과 등 없는 의자를 설치하였다. 시편찬송을 인도하는 선창자를 위한 작은 강단을 놓았다.

(2) 예배 회집의 강화

제네바는 자주 설교를 듣도록 회집을 자주 하였다.[13]

① 주일 예배. 8번 예배(full service)와 3번 교리교육 예배(catechism service)를 드렸다. 새벽 4시 또는 5시(하절기와 동절기에 따라)에도 예배가 있었다(주로 하인들을 위한 예배). 대예배는 아침 8시에 드렸고, 마지막 예배는 오후 2시 또는 3시(동절기와 하절기에 따라)에 드렸다. 교리교육은 항상 오후에 열렸다. 제네바의 두 교회는 이 방식을 따랐고, 한 교회는 세 예배 가운데 두 개만 드렸다(새벽 집회 없다는 의미-역주).

② 수요일(기도일)에도 여러 예배가 있었다.

---

12) Kingdon, "Worship", 51f.
13) Kingdon, "Worship", 54.

③ 주중에는 격일로 한 번 예배를 드렸다.

(3) 예배 내용의 정형화

제네바의 예배에서 골격을 이루는 것은 주기도문, 사도신경, 십계명이었다.[14] 예배의 요소는 설교, 기도, 찬송이었다.[15] 깔뱅은 스트라스부르의 독일어 예배 형식에 영향을 받았을 것이 틀림없기 때문에, 제네바의 예배 스타일은 스트라스부르에서 빌려온 것으로 볼 수 있다.[16] 1539년 볼프강 쾨펠(Wofgang Köpfel)이 출판한 "시편찬송"(*Psalter mit aller Kirchübung die man bey der christlichen Gemein zu Straßburg und anderswa pflägt zu singen*)에 의하면, 주일예배 순서는 다음과 같이 진행되었다.[17]

① 초청과 회개

Eingansspruch und offene Schuld

② 성경의 위로와 용서

Trostsprüche aus Hl. Schrift und Absolution

③ 찬송: 시편 또는 영적 노래(십계명의 첫째 부분)

---

14) Pipa, "Reformed Liturgy", 122.

15) 예배 실황중계 같은 묘사는 Maag, *Lifting Hearts*, 73-76을 보라.

16) Erichson, *Gottesdienstordnung*, 1-35; Luth, *Kommentar*, 17.

17) Erichson, *Gottesdienstordnung*, 14.

Gesang: ein Psalm oder

ein geistig Lied

(1. Teil des Dekalogs)

④ 짧은 기도(설교를 잘 듣기

위한 기도)

Kurz Gebet (um das

rechte Anhören der Predigt).

⑤ 찬송: 시편 또는 첫 노

래에서 (십계명의 둘째 부

분)

쾨펠의 시편찬송

Gesang: ein Psalm oder aus dem ersten Lied

(2. Teil des Dekalogs)

⑥ 성경봉독과 설교

Vorlesung der heiligen Schrift und Predigt

⑦ 일반 간구

Allgemeines Fürbittengebet

⑧ 주기도문

Vaterunser

⑨ 찬송 (신앙고백, 또는 경우에 따라 시편 또는 영적 노래)

Gesang (der Glaube [das apost. Symbolum], zu Zeiten sonst

ein Psalm oder ein geistiges Lied)

⑩ 축도 (민 6장을 따름)

Segen (nach Numeri 6)

제네바에서는 이에 따른 순서로 주일예배를 진행하였다.[18] 오늘날도 위그노 교회에서는 유사한 순서로 예배가 진행된다(예를 들면, 베를린 프랑스교회 – 부록2 참조).

종교개혁의 예배 개혁 일환으로 시편찬송은 개혁파 예배 안에 자리를 잡게 되었다. 개혁파 교회에서 시편찬송은 특히 깔뱅의 예배신학과 깊은 관련이 있다.[19] 이런 의미에서 나중에 웨스트민스터 신앙고백서도 예배에 시편찬송을 부를 것을 강력히 추천한다(21.5.).

---

18) 여기에서는 성찬예배 순서는 다루지 않는다.

19) 깔뱅의 예배 형식과 예배 신학에 관해서는 갓프리, 『칼빈』, 97-119; 김헌수, "칼빈의 예배 개혁", 31-88. Lee, "Toward a Reformed Way of Corporate Worship", 91-116, esp. 101-3.

2. 시편찬송의 역사

그러면 시편찬송은 언제부터 시작되었는가?

1) 종교개혁자들의 시편찬송

(1) 루터[20]

루터는 시편을 노래로 변형시킬 생각을 가진 첫 번째 인물이었다.[21] 루터는 음악은 도덕적인 영향력을 가지고 있다고 음악을 호평하였다.[22] "음악은 일종의 여교사입니다. 사람들을 더욱 부드럽고 온유하게 만들며, 더욱 정숙하고 이성적으로 만듭니다"(1539년 루드비히 젠플 Ludwig Senfl에게 보낸 서신). 또한 루터는 음악에 예전 의미가 있다고 생각하였다. 음악은 하나님을 찬송하는 데 도움을 준다는 것이다. 그는 인간에게만 말과 가락으로 하나님을 찬송할 수 있는 목소리가 주어졌다고 말한다(부록 4: 찬송하는 루터의 가족).

음악에 이런 견해를 가진 루터는 일찍이 비텐베르크에서 이미 1523/24년 해 바뀔 때쯤 네 개의 시편찬송을

---

20) Hartlapp, *Lieder Martin Luthers*, 2013.

21) Jenny, *Luther, Zwingli, Calvin in Ihren Liedern*, 178.

22) Kezbere / Theißen, "Musikmeditationen", 88-97, esp. 94.

작곡하였다(12/24, 14/25, 124/28, 130/30).[23] 1524년 비텐베르크 합창찬송집(Chorgesangbuch) 서문.[24]

(2) 쯔빙글리

취리히의 종교개혁자 쯔빙글리는 "당시대의 많은 사람들이 음악재능이 뛰어났다고 증언하고 있다."[25] 쯔빙글리는 음악재능이 대단했으며 노래든 악기든 음악성이 뛰어나서 어떤 악기든지 손에 쥐기만 하면 어느새 능숙하게 연주하였다(부록 5: 노래하는 소년 쯔빙글리). 그러나 쯔빙글리는 예배에서 노래와 음악을 최소화하였다(에라스무스의 영향). 그는 1525년부터 예배에서 오르간 사용을 금지하고 1528년에는 교회에서 철거하였는데, 예배에서 복음에만 마음을 집중해야지 인간의 어떤 부수적인 행위로 예배를 방해해서는 안 된다고 생각했기 때문이다.[26]

그럼에도 불구하고 그는 시편찬송과 다른 교회음악을 부르는 새로운 예배방식에 관해 소개하는 스트라스부르의 종교개혁자들과 서신(1524.11.23.)에 대한 답신(1524.12.16.)에서 독일어 시편찬송에 대한 긍정적인 반응

---

23) Jenny, *Luther, Zwingli, Calvin in Ihren Liedern*, 17.

24) 본문은 Jenny, *Luther, Zwingli, Calvin in Ihren Liedern*, 39f. 참조.

25) 하아스,『홀드리히 츠빙글리』, 24.

26) 하아스,『홀드리히 츠빙글리』, 25.

을 표현하였다.[27]

쯔빙글리 자신은 1520년경 "흑사병 퇴치가"(Pestlied: "Hilff Herr Gott hilff in diser not")를 작곡하였고,[28] 1529년 6월에는 "카펠 전투가"(Kappeler Lied: "Herr, nun hebe den Wagen selb")를 작곡하였다.[29] 1529년 10월 마르부르크(Marburg) 회담 후에는 루터에게 자극을 받아 시편 69편을 작곡하였다(부록 6).[30] 그러나 쯔빙글리는 부활절 행진의 방식을 따르는 루터와 다른 길을 갔다.

쯔빙글리가 2차 카펠 전투에서 전사한 지 2년 후인 1533년에 취리히에 첫 번째 스위스 찬송가가 출판되었다.[31] 1538년에 깔뱅과 파렐이 제네바에서 추방된 후 취리히를 방문했을 때 이 찬송가를 보았을 것이다.

(3) 부쩌

부쩌는 스트라스부르에 루터의 독일어 시편찬송을 도입하였다(후론을 참조하라).

---

27) Jenny, *Luther, Zwingli, Calvin in Ihren Liedern*, 175.

28) 그림 Jenny, *Luther, Zwingli, Calvin in Ihren Liedern*, 179 참조.

29) 그림 Fischer / Hangartner, "Musik in Zürich 1500-1900", 5 참조.

30) Fischer / Hangartner, "Musik in Zürich 1500-1900", 5는 쯔빙글리가 1525년에 시 69편의 곡조를 붙였다고 말한다. 그림 Jenny, *Luther, Zwingli, Calvin in Ihren Liedern*, 180f. 부록6 참조.

31) Jenny, *Luther, Zwingli, Calvin in Ihren Liedern*, 175.

2) 깔뱅의 시편찬송[32]

(1) 배경

① 취리히의 노회에서 취리히의 찬송가 경험

깔뱅은 종교개혁의 선두주자들이 시작한 시편찬송을 계승하였다. 깔뱅은 파렐의 요청을 따라 1536년부터 1538년까지 제네바에서 개혁을 도입하였다(1536-1538.4.23.). 1537년 1월 16일에는 신앙고백과 권징서(*Instruction et confession de foi*)를 작성하여, 4월에는 제네바 시민에게 신앙고백을 요구하였다. 깔뱅과 파렐이 엄격한 교회권징과 강한 도덕준수 요구 때문에 1538년 2월 시의회의 선거에서 반대자들에게 다수표가 주어졌다. 깔뱅은 4월 21일 성찬집례를 거부하였고, 결국 4월 23일 제네바 시의회에 의해 추방을 당하였다. 제네바에서 추방당한 깔뱅과 파렐은 베른(Bern)을 거쳐 4월 28일 취리히의 노회(synod)[33]에 참석하여 실책을 고백하였다. 5월 4일(마지막 날) 불링거는 제네바 시의회에 편지를 보내서 사건 깔뱅과 파렐이 지나친 열정 때문에 발생한 것

---

32) Bernoulli, / Furler, (Hg.), *Genfer Psalter*.

33) 취리히, Bern, Basel, Schaffhausen, St. Gallen, Mühlhausen, Bienne 의 총대들이 참석한 회의(1538.4.28.-5.4.). 참고. Speelman, *Calvin and the Independence of the Church*, 91, 각주 190.

임을 보고하고 다시 두 사람을 받아들이도록 권유했으나 거절되었다. 깔뱅은 취리히 노회에 참석하여 취리히의 찬송가를 경험했을 것이다.

② 스트라스부르 독일인 교회의 시편찬송 접촉

파렐은 뇌샤틀(Neuchâtel)에 가서 목회를 하고, 깔뱅은 바젤(Base)을 거쳐 스트라스부르로 갔다. 깔뱅은 스트라스부르의 부쩌의 요청에 따라 프랑스 피난민교회(위그노)를 목회하였다. 이때 깔뱅은 스트라스부르의 독일인 교회에서 시편찬송을 알게 되었다.

③ 끌레망 마로(Clément Marot, 1496.11.23.-1544.9.12.)
를 만남

또한 깔뱅은 국왕 프랑수와 (François) 1세의 궁정 시인인 끌레망 마로를 만났다. 마로는 이미 여러 편의 시편을 운율에 맞추어 개사한 상태였다. 이것이 1539년에 깔뱅이 첫 번째 시편찬송인 "오깽"(Aulcuns

끌레망 마로

pseaulms et cantiques mys en chant)을 출판하게 된 계기가 되었다. 이때부터 시편찬송은 프랑스 위그노의 찬송으로

자리매김을 하였다. 프랑스 위그노들은 교회 외에도 일
상생활의 현장에서 시편찬송을 즐겨 불렀다.

(2) 시편찬송 출판

① 1539년 Aulcuns pseaulms et cantiques mys en
chant[34]

스트라스부르(Strasbourg) 출판.

크기: 세로 15,5cm, 가로 11,5cm. 22곡 수록(63쪽).

이 찬송집은 뮌헨의 바이에른 국립도서관에 유일하

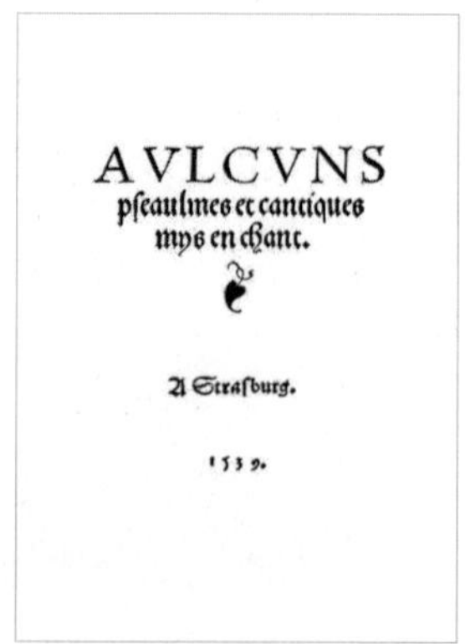

---

34) Aulcuns Pseaulmes의 외형과 복제본/영인본에 관해서는 Pidoux,
Psautier Huguenot II, 3; Luth, *Aulcuns pseaulms et cantiques mys en
chant*, 2003, 3-6를 참조하라.

게 한 권(unicum, unikat) 남아있다.

끌레망 마로는 프랑수아 1세의 궁정 계관시인으로 이미 여러 시편을 운율화하였다. 오깽에는 마로의 13편과 함께 깔뱅이 개사한 시편도 들어있다. 보통 깔뱅이 6편을 개사한 것으로 알려져 있다.[35] 이에 더하여 깔뱅은 십계명, 시므온의 노래, 사도신경(Credo)을 운율화하였다. 마로의 작품은 1, 2, 3, 15, 19, 32, 51, 103, 114, 115, 130, 137, 143이며, 깔뱅의 작품은 25, 36, 46, 91, 113, 138, 시므온의 노래, 십계명, 사도신경이다.[36]

 - 곡조: 오깽(Aulcuns)에는 기존하는 곡조들이 개작 또는 편곡되었다. 당시에는 이름난 시인이나 작곡가도 이전의 작품을 개작하거나 편곡하는 것은 드문 일이 아니었다.[37] 요한 크뤼거(Johann Crüger, 1598-1662)도 많은 멜로디를 제네바 시편방식에 의존하고 있다. 크뤼거는 당시 불어권 뿐 아니라 독일어권에서도 개혁파 교회의 찬송가였던 제네바 시편찬송을 알고 있었다. 그는 브란덴부르크의 선제후의 위임을 받아 제네바 시편찬송을 자신의 작법으로 새롭게 출판하여 베를린 돔 교회의 찬송

---

35) 깔뱅의 작품으로 확인되는 것은 실제로 두 편 뿐이다(25편과 46편). Pidoux, *Psautier Huguenot II*, 3, 각주. 7: "L'attribution à Calvin des Ps. 25 et 46 ne fait aucun doute."; Luth, Einführung/Introduction, 3.

36) Luth, *Kommentar*, 11f.

37) M. Jenny, "Die Herkunftangaben …", 501.

가로 사용하였다.[38]

오깽에는 미사곡, 출처미상의 일반노래, 스트라스부르 독일교회에서 사용되던 곡조들이 활용되었다. 특히 볼프강 타크슈타인(Wolfgang Dachstein)과 마테우스 그라이터(Matthäus Greiter, 1500년 경-1552)가 작곡한 곡들이 사용되었다. 친구관계에 있던 두 사람은 본래 수도사로 각각 오르간 연주자와 찬송선창자로 활동을 했는데, 스트라스부르의 종교개혁자 마테우스 젤(Matthäus Zell, 1477-1548)에 의해 종교개혁에 참여하게 되었고, 1524년에는 수도원을 떠나 결혼한 후에 스트라스부르의 신교 교회에서 고급한 음악 재능을 섬겼다.[39]

오깽에 들어간 그라이터의 곡들은 다음과 같다. 시 25편(본래 125편)[40] 1526년, 시 36편(본래 119편)[41] 1526년(21세기 찬송가 69장), 시 91편[42](본래 51편)[43] 1525년, 시므온의 노래.[44]

그라이터의 시편찬송 가운데는 후에 위그노들이 전

---

38) Jenny, "Die Herkunftangaben", 501, 각주 19.

39) Michaelis, *Elsässische Gestalten*, 65-67.

40) Pidoux, *Le Psautier Huguenot 1*, 34.

41) Pidoux, *Le Psautier Huguenot 1*, 44.

42) Aulcyns(1539)에는 "90편"으로 인쇄되었다!

43) Pidoux, *Le Psautier Huguenot 1*, 87.

44) Michaelis, *Elsässische Gestalten*, 67f.는 Greiter가 시므온의 노래를 작곡했을 것이라고 추정한다.

장에 나갈 때 결사각오를 다지며 불렀던 곡도 있다. 대표적인 것이 시 119편이다. 시편 119편 첫 절은 다음과 같다("행위가 온전하여 여호와의 율법을 따라 행하는 자들은 복이 있음이여").

Es sind doch selig alle, die
Im rechten Glauben wandeln hie
행위가 온전한 자는 복이 있도다.
그는 율법을 따라 행하는도다.

어떤 사람은 이 곡을 "거룩한 선율 왕국의 여왕"(Eine Königin im Reiche heiliger Töne)이라고 부르는 것은 지당하다고 말한다.[45] 그라이터는 말년에 심각한 경제적인 압박 때문에 스트라스부르 뮌스터교회의 가톨릭 예배를 재건하는 일과 합창학교를 설립하는데 참여하였다. 수년 후 페스트가 그의 생명을 앗아갔다.[46]

오깽에는 다크슈타인이 1526년에 작곡한 시 46편(본래 시 15편)이 들어갔다.[47] 다크슈타인의 시편찬송 선율은 바울 게르하르트(Paul Gerhardt, 1607-1676)의 수난곡에 영

---

45) Michaelis, *Elsässische Gestalten*, 67.

46) Michaelis, *Elsässische Gestalten*, 65-67.

47) Pidoux, *Le Psautier Huguenot 1*, 55. Teutsch Kirchen ampat, Psalmen, Gebett und Kirchenübung 1526년.

향을 주었고 요한 세바스찬 바흐(Johann Sebastian Bach, 1685-1750)도 그것을 보유하였다. Greiter의 시편찬송은 Bach의 마태수난곡 1부 끝부분에 반영되었다.

오깽의 작곡자는 다음과 같다.[48]

시편	Zahn[49]	Pidoux[50]
1	3096a	1a
2		2a
3		3a
15		15a
19		19a
25	7551 Greiter	25a
32		32a
36	8303 Greiter	36a
46	4450 Dachstein	46a
51	8111 Vogtherr	51a
91	8451 Greiter	91a
103	3187	103a
113	4438a Luther	113a

48) Luth, *Kommentar*, 11.

49) J. Zahn, *Die Melodie der deutschen evangelischen Kirchenlieder aus den Quellen geschöpft*, Gütersloh 1889-1893 (6 Bde.), ND Hildesheim 1997.

50) Pidoux (앞의 각주 1를 보라), I.

114	7747 Symph. Polio	114a
115	곡조 없음	
130		130a
137		137a
138	8466a Greiter	138a
143		143a
시므온의 노래		202a
십계명	1952 Dachstein	201a
사도신경	8625	206a

② 1542년 La forme des prieres et chantz ecclesiastiques

제네바(Genève) 출판.

슈투트가르트 뷔르템베르크(Stuttgart Würtemberg) 주립 도서관에 소장.

깔뱅은 스트라스부르에서 제네바로 귀환한 후에 시편찬송을 도입하였다. 마로가 9개의 시편을 보충하였다. 그라이터가 시 13편(본래 시12-13편)을 작곡하였다.[51] 귀욤 프랑크(Guillaume Franc)도 작곡에 참여하였다. 프랑크는 깔뱅의 첫 두 찬송가(1542년과 1543년)에 들어있는

---

51) Pidoux, *Le Psautier Huguenot 1*, 20.

멜로디의 작곡가이다.[52]

깔뱅은 1542년 시편찬송을 편집하면서 새로운 방식을 사용하였다. 그는 시편찬송을 예식서와 합본하였다(La forme des prieres et chantz ecclesiastiques)[53]. 루터는 찬송과 예식서를 분리하였지만 이후로 개혁파는 합본하였다. 깔뱅은 여기에 서문(Epsitre au lecteur)을 달았는데, 이것은 예식서(La Forme) 1543년에 들어있다.[54] 여기에는 주일 아침 예배(특히 기도), 세례, 성찬 그리고 예배 중에 시행되는 혼인예식을 위한 예전 형식(liturgical forms)을 담고 있으며, 병자 심방을 위한 간단한 목회자 지침서를 포함하고 있다. 예식서(La Forme)에 부록으로 회중 찬송을 목적하는 프랑스어 시편 운율(시편 46, 25, 91,138, 36,120,142, 43, 113)과 시므온의 노래 그리고 십계명 더 나아가서는 8단(eight-stanza)으로 이루어진 "그리스도께 드

---

52) M. Jenny, "Die Herkunftangaben ...", 512.

53) La Forme는 *Joannis Calvini Opera Quae Supersunt Omnia, vol. VI,* ed. G. Baum / E. Cunitz / E. Reuss, Bruhn: Schwetschke, 1867, 161-224; *Joannis Calvini Opera Selecta,* ed. P. Barth and W. Niesel, Vol. 2, 1952, 12-18.에 수록되었다.

54) 프랑스어 본문은 *Calvini Opera VI,* 165-72을 참조하라. 참조. Pidoux, *Psautier Huguenot II,* 15. 독역은 Jenny, *Luther, Zwingli, Calvin in Ihren Liedern,* 270-281; 영역은 Battles, "John Calvin, The Form of Prayers and Songs of the Church 1542", 160-165(유고번역); 한글 번역은 김명순 / 김헌수 / 코넬리스 반담, 『칼빈의 예배 개혁과 직분 개혁』, 139-151을 참조하라.

리는 인사"(Salutation a Jesus Christ, "I Greet Thee, Who My Sure Redeemer Are")을 담고 있다. 이 마지막 노래가 시편찬송에 들어있는 것은 특이한 일이다.

특히 이 서문에서 깔뱅은 음악의 의미와 시편찬송의 의미를 밝혔다. 그는 시편찬송에 대하여 다음과 같은 견해를 밝혔다.[55] "음악의 큰 능력. 사람의 심령을 불타오르게 해서 보다 열정적이고 타는 듯한 열심히 하나님께 부르짖으며 찬양하게 만든다. 사람이 식당에서나 가정에서 즐거움을 얻기 위해서 부르는 음악과 하나님과 천사들 앞에서 교회에서 부르는 시편 사이에는 큰 차이가 있다(163). 여기에서 제시된 형태를 똑바로 평가하기를 원한다면 그것이 거룩하고 순수할 것이며 세움(edification)을 목적해야 한다는 것을 알아야 한다. 음악을 절제해서 방종, 난잡한 즐거움, 성적 타락, 천박함으로 가지 않도록 해야 한다. 음악을 통제해서 유용한 목적으로 이끌어야 한다. 음악은 가사와 멜로디를 가지고 있다. 악한 말이 멜로디를 가지면 마음을 더욱 강하게 찌르며 파고든다. 마치 포도주가 깔때기를 통해 그릇으로 주입되듯이, 독물과 부패가 멜로디를 타고 마음속으로 스며든다. 그러므로 우리는 영광스러울 뿐 아니라 거

---

55) Battles, "John Calvin, The Form of Prayers and Songs of the Church 1542", 162ff.

룩한 노래를 가져야 한다. 이런 노래는 하나님께 기도하며 찬양하게 만들며, 하나님의 일하심을 묵상하게 하고, 그를 사랑하고 경외하며 그에게 존귀와 영광을 돌리게 한다. 하나님에게서 받지 않으면 아무도 하나님께 합당한 노래를 부를 수가 없다. 성령께서 다윗에게 말씀하시고 만들어주신 시편 외에는 이런 목적에 적합한 노래가 없다. 그러므로 우리가 시편을 노래할 때 우리는 하나님이 그 말씀을 우리 입에 두시는 것을 확신한다. 영적 노래는 반드시 이해를 요구한다. 이것이 사람의 노래와 새의 노래의 차이이다. 새가 아무리 노래를 잘 불러도 이해가 없다. 사람의 고유한 은사는 노래할 때 마음이 이해를 따른다는 것이다. 다윗의 시편의 멜로디는 절제되고, 엄숙하며, 장중하고, 테마에 맞고, 교회에서 부르기에 적당해야 한다."

1560년대까지도 제네바 도시 밖에서는 시편찬송을 사용하는 것이 주저되었고 회중이 열정적으로 받아들이지 않았다.[56]

③ 1543년 La forme des prieres et chantz ecclesiastiques

제네바(Genève) 출판.

---

56) Maag, *Lifting Hearts*, 21.

1543년에 마로가 제네바로 이주해 와서 깔뱅에게 모든 시편에 리듬을 붙이는 일을 위임받았는데, 이 일을 완성하지 못하고 1544년 가을에 사망했다. 마로가 19개 시편을 보충하였다. 그의 작업은 떼오도르 베자(Thédore de Bèze, 1519-1605)가 계속 이어갔다. 1543년 판은 1542년 판과 동일 이름으로 예식서(La Forme des Pieres et Cantz ecclesiastiques)라는 제목을 달고 있다. 프랑크가 작곡한 시편찬송이 더해졌고(138과 140) 삐에르 께르똥(Pierre Certon)의 찬송이 하나 더해졌다(43).

(4) 1551년 Pseaumes Octantetrois de David

제네바(Genève) 출판.

83곡 수록(마로 49곡, 베자 34곡)[57]

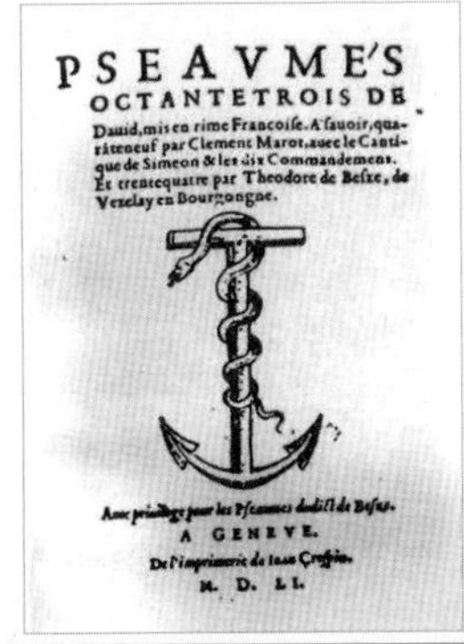

57) Pidoux, *Psautier Huguenot I*, XXI.

제네바 시편찬송에는 1551년부터 베자의 운율이 마로t의 운율과 나란히 실리기 시작하였고, 마로와 베자의 운율은 각각 CL. MA.와 TH. BE.라는 이름 표시로 정확하게 구별되었다. 이것은 두 시인에 대한 최대의 존경을 나타내는 것이었다. 또 한 가지 생각해볼 것은 인문주의의 계관시인이었던 베자가 이름을 구별하기를 바라는 소망을 가지고 있었기 때문에 예술가의 자의식에 관해 뭔가를 분명히 하고 싶었다는 점이다.[58]

1551년 판에는 제네바 삐에르 교회의 선창자(cantor)였던[59] 부르주와(L. Bourgeois)가 작곡에 참여하였다. 그러나 실제로 부르주와가 몇 곡이나 작곡을 했는지는 확실하지 않다. 일반적으로 추정하는 것은 새로 추가된 것들은 대부분 그의 손에서 나왔다는 것이다. 그의 작곡 가운데 시 134편 곡은 나중에 시 100편에도 적용되었는데, 이것은 Old 100th라고 불린다(우리 찬송가 1장 "만복의 근원 하나님").

(5) 1554년

제네바(Genève) 출판.

---

58) M. Jenny, "Die Herkunftangaben …", 495.

59) Kingdon, "Worship", 55.

1551년판과 동일한 표지를 가진다(Octante trois pseaumes). 여기에는 베자가 개사한 8곡이 더해졌다.[60]

(6) 1556년 Pseaumes de David

제네바(Genève) 출판.

83곡에 7곡이 더해졌다. 1556년 판 제네바 성경에 첨부되었다(à la suite de La Bible... Genève, 1556).[61]

(7) 1562년 Les Pseaumes mis en rime francoise(150 전곡)[62]

제네바(Genève) 출판.
150편 전곡 수록.

최종적으로 1562년에 시편 150편 전체에 리듬을 붙

---

60) Pidoux, *Psautier Huguenot I*, XXI.

61) Pidoux, *Psautier Huguenot I*, XXI.

62) 참조. Pidoux, *Psautier Huguenot II*, 132. 1562년 시편찬송의 표지는 Pidoux, *Psautier Huguenot II*, 부록 vi의 그림 9를 보고(Page de titre de l'édition de 1562, par Jean Bonnefoy, à Genève), 시편 16편 찬송 은 vii의 그림 10을 보라.

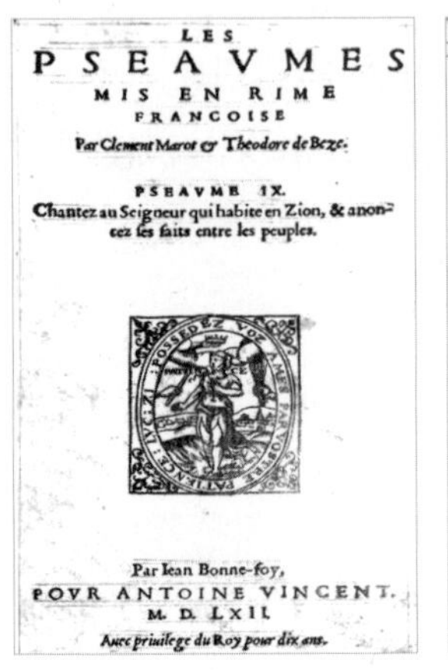

인 시편찬송 완성본이 출판되었다. 초기 멜로디 가운데 몇 개는 개정되거나 대치되었다. 1561년 6월에 "시편을 작곡하는 일을 위해"(pour avoir mis les psalmes en musique) 10굴덴을 받은 메뜨르 삐에르(Maître Pierre)가 1562년에 새로 나온 시편찬송 방식의 작곡가일 것이다. 오랑땡 두앙(Orentin Douen)은 부르주와가 1552년 8월 제네바를 떠난 다음에 등장한 멜로디들은 삐에르 다그(Pierre Dagues) 또는 삐에르 다반테(Pierre Davantès)의 것이라고 주장한다. 그는 마지막 40곡을 작곡하였다. 삐에르 다그가 당시 삐에르 교회의 칸토였으므로 이 이름을 지닌 다른 사람을 생각해볼 수가 없다.[63]

---

63) Jenny, "Die Herkunftangaben", 511.

[요약]

연도	운율	작곡	기타
1539	Marot 13편 Calvin 6편 　십계명 　시므온의 노래 　사도신경	Strasbourg독일교회 W.Dachstein 　46편(본래 15편) 1526년 M.Greiter 　25편(본래 125편) 1526년 　36편(본래 119편) 1526년(*21세기 69장) 　91편(본래 51편) 1525년 　시므온의 노래	
	Aulcuns Pseaumes et cantiques mys en chant		
1542	Marot 9편 보충	M.Greiter 13편(본래 12-13편) G.Franc	
	La Forme des Prieres et Chantz ecclesiastiques		
1543	Marot 19편 보충	G.Franc	
	La Forme des Prieres et Chantz ecclesiastiques		
1551	Beza	L.Bourgeois	Old 100th
	Pseaumes Octantetrois de David(83곡)		
1562	Beza	Maistre Pierre(마지막 40곡)	
	Les Pseaumes mis en rime francoise(150전곡)		

3) 깔뱅 이후 시편찬송

(1) 화성 시편찬송

1562년 끌로드 구미멜(Claude Goudimel)이 4부 화성으로 제네바 시편찬송을 작곡하였다. Pseaumes de David (83) ... nouvellement mis en musique à quatre parties. 이것은 빠리(Paris)에서 출판되었다. 1572년 8월 바돌로매 대학살 당시 프랑스에 남았던 구디멜은 결국 순교자의 죽음을 맞이하였다.[64]

(2) 개혁파 안에서 시편찬송의 보급[65]

제네바 시편찬송은 타국의 개혁파 안에서 다음과 같이 보급되었다.

① 제네바 시편찬송의 독일어 번역
제네바 시편찬송은 1573년 암브로지우스 롭바써 (Ambrosius Lobwasser, 1515-1585)가 독일어로 번역하였고 (Psalter des königlichen Propheten Davids), 이것은 구디멜의

---

64) Kingdon, "Worship", 55.
65) Bernoulli / Furler, *Der Genfer Psalter*.

화음에 맞추어 카펠라(cappela)로 불렀다.[66]

②타국 개혁파 교회들의 수용

화란, 헝가리, 남아프리카 등은 제네바 시편찬송을 수용하였다.[67]

③스코틀랜드

스코틀랜드는 일찍부터 제네바 시편찬송을 부르지 않고 1551년 스턴홀드(Sternhold)와 홉킨(Hopkin)가 작곡한 시편찬송(Scottish Psalter)을 불렀다.[68]

3. 깔뱅 시편찬송의 정신/의미

1) 예배성

시편찬송은 예배를 위한 목적을 가지고 있기 때문에

---

66) "Metrical Pslater", page 3, http://en.wikipedia.org/wiki/Metrical_psalter.

67) D. A. Koyzis, "Introduction to the Genevan Psalter", page 3, http://genevanpsalter.redeemer.ca/psalter_intro.html.

68) D. A. Koyzis, "Introduction to the Genevan Psalter", page 3, http://genevanpsalter.redeemer.ca/psalter_intro.html; "Metrical Pslater", page 4.

음악 자체보다 하나님을 찬송하는 데 집중하였다. 이 때문에 시편찬송은 아래와 같은 음악성을 가질 수밖에 없었다.

2) 음악성

(1) 시편의 운율화. 마로와 깔뱅 그리고 베자는 시편을 신학적으로 운율에 맞게 정리하였다. 예를 들어 시편 36편의 프랑스어 운율을 살펴보면 어렵게 않게 운율을 발견할 수 있다(부록3).

(2) 시편찬송은 한 음표에 한 음절을 적용하였다.

(3) 시편찬송의 음역은 일반적으로 한 옥타브 안에 머문다.

(4) 시편찬송은 2분음과 4분음에 제한을 두었다(종음은 겹온음breve/double whole note이다).

(5) 시편찬송에는 단선율(unison)이 사용되었다(위에 말한 것처럼 1562년에 구디멜이 화성을 만들었다).

(6) 예배시에 시편찬송을 부를 때는 악기를 사용하지 않았다. 악기 사용 없이 단성으로 시편찬송을 불렀다.[69] 단지 예배 아닌 시간과 장소에서는 악기를 사용하는 것이 허용되었다.

---

69) Maag, *Lifting Hearts*, 21.

(7) 시편찬송의 곡조는 로마 가톨릭 미사곡을 편곡하기도 하고, 기존 시편찬송을 활용하였고, 심지어는 세속음악을 채용하기도 하였다(쉽게 배울 수 있음).

(8) 예배 선창. 예배시에 선창자(chantre, cantor)나 학교에서 교육시간을 통해 일반회중보다 시편찬송을 잘 알고 있는 소년 남학생들 합창단이 선창을 하였다.

3) 대중성

처음에는 마로가, 그리고 후에는 베자가 시편을 운율화하였는데(소수의 사람이 작곡과 편곡을 하였다), "마로의 과제는 시편 본문을 대중에게 더욱 널리 유용하게 만드는 것이었다."[70] 모든 성도가 찬송에 참여한다는 점에서 사제가 노래하는 가톨릭과 다르다.

4) 개방성

시편찬송은 시편만 노래하는 것이 아니다. 오깽(Aulcuns, 1539)부터 시므온의 노래, 십계명, 사도신경이 포함되었고, 예식서(La forme, 1542)에는 "그리스도께 드리는 인사"(Salutation a Jesus Christ, "I Greet Thee, Who My Sure

---

70) Johns, *Note for Facsimile of Pseaumes Octantetrois de David 1551*, 6.

Redeemer Are")도 들어있었다. 이것은 성경의 다양한 시형 단락을 찬송으로 부를 수 있다는 것을 의미한다.

5) 발전성

시편찬송은 성장하였고, 시대에 맞게 발전하였다. 이미 마로와 깔뱅의 시편찬송은 독일 루터와 스트라스부르의 부쩌 그리고 취리히 시편찬송이 발전된 것이다. 깔뱅 시편찬송은 타국 개혁파에서 계속해서 발전하였다 (네덜란드, 미국, 캐나다 등). 이것은 시편찬송은 미래의 발전을 허용한다는 것을 의미한다. 시편찬송은 시대와 지역에 맞게 발전해야 한다.

[부록 1] 시편 1편 현대악보(조병수 개사)

시편 1편

C. Marot
Korean 조병수 2008

Strasbourg 1539
Geneva 1551
C. Goudimel 1565

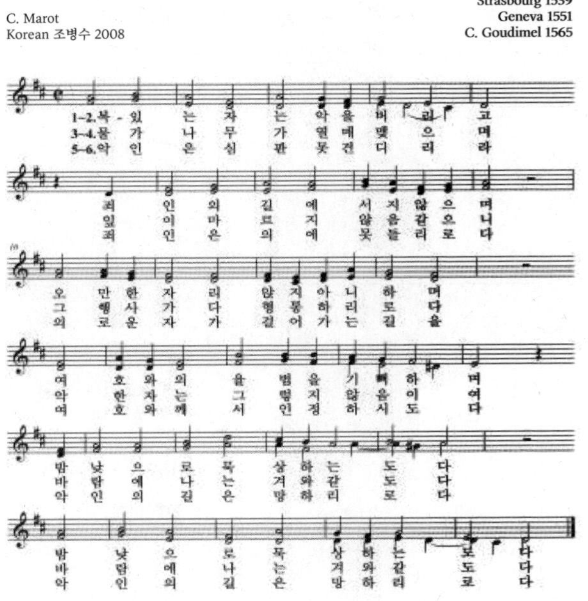

[부록 2] 베를린 프랑스인교회Französischer Kirche 주일예배 순서
(2019년 5월 5일 기준)

담당자	자세	순서	표현	설명
		오르간 연주		Organvorspiel
사회자*	일어섬	인사		삼위일체 이름으로
		시 124:8	낭송	
		주일 소개		부활주일 후 2번째
		찬송(1)		445장
사회자	일어섬	**십계명**	낭송	신약의 최대 계명 요약
		찬송(2)		422장
목사**	중앙하단	시편	합독	
		목회기도		
		위로의 말씀		Trostwort
		성경	낭독	Lehrtext(에스겔)
사회자		**사도신경**	낭독	
		찬송(3)		392장
목사	설교단	**설교**		요한복음 10:10
		찬송(4)		
목사	일어섬	중보기도		Fürbittegebet
		주기도문	합송	
사회자		광고		모임과 연보 설명
	일어섬	찬송(5)		
		아론 축도		
		오르간 연주		Organnachspiel

*사회자는 평복 착용. **목사는 가운 착용.

[부록 3] 시편 36편의 프랑스어 운율

En moy le secret pensement

Car il se complaist en ses faicts

Du malin parle clairement,

Tant que haine sur ses mesfaicts

C'est qu'a Dieu il ne pense,

Et iugement advance.

Son parler tend a decepvoir

Il ne cherch' entendre et scavoir,

N' aussi ung seul bien faire,

Il pense mal estant couche,

Du droict chemin est debauche

sans au mal se deplaire.

[부록 4] 찬송하는 루터 가족

아이제나흐Eisenach 루터 동상 부조

[부록 5] 노래하는 소년 쯔빙글리

취리히Zürich 쯔빙글리 문

[부록 6] 쯔빙글리의 시편 69편 악보(1525년)

참고문헌

Battles, L., "John Calvin, The Form of Prayers and Songs of the Church 1542. Letter to the Reader", *Calvin Theological Journal* 15 (1980), 160-165.

Bernoulli, P. E. / Furler, F. (Hg.), *Der Genfer Psalter. Eine Entdeckungsreise*, 2. Aufl., Zürich: TVZ, 2001, 2005.

Eire, C. M. N., *War Against the Idols. The Reformation of Worship from Erasmus to Calvin*, Cambridge et al.: CUP, 1986, 2003.

Erichson, A., *Die Calvinistische und die Altstrassburgische Gottesdienstordnung. Ein Beitrag zur Geschichte der Liturgie in der Evangelischen Kirche*, Strassburg: Heitz, 1894.

Fischer, U. / Hangartner, B., "Musik in Zürich 1500-1900", CD Musik in Zürich, Zentralbibliothek Zürich: Guild, 2007.

Grunewald, E. / Jürgens, H. P. / Luth, J. R. (Hg.), *Der Genfer Psalter und seine Rezeption in Deutschland der Schweiz und den Niederlanden. 16.-18. Jahrhundert*, Frühe Neuzeit Bd. 97, Tübingen: Max Niemeyer, 2004.

Hartlapp, J., *Die Lieder Martin Luthers*, Spörda: Akanthus 2013.

Jenny, M., "Die Herkunftangaben im Kirchengesangbuch. Ein Stück angewandter Kirchengeschichte am Beispiel des reformierten Kirchengesangbuchs der deutschsprachigen Schweiz," *Zwingliana* 14 (1978), 493-525 (= 축소판 *Jahrbuch für Liturgik und Hymnologie* 24, 1980, 53-68).

Jenny, M., *Luther, Zwingli, Calvin in Ihren Liedern*, Zürich: Theologischer Verlag Zürich, 1983.

Johns, F. A., *Note for Facsimile of Pseaumes Octantetrois de David*

1551, Rutgers University Library, New Brunswick, New York, 1973.

I. Kezbere, I. / Theißen, G., "Musikmeditationen", in H. Schwier (Hg.), *Gottesdienstformen in der Petruskirche und ihrem Umfeld*, Jahresheft der Theologischen Fakultät, Sonderheft 2012.

Kingdon, R., "Worship in Geneva Before and After the Reformation", in Maag, K. / Witvliet, J. D., eds., *Worship in Medieval and Early Modern Europe: Change and Continuity in Religious Practice*, Nortre Dame(Indiana): University of Notre Dame Press, 2004, 41-60.

Lee, S.-G., "Toward a Reformed Way of Corporate Worship", *HapTR* 6 (2017), 91-116.

Luth, J. R., *Aulcuns pseaulms et cantiques mys en chant. A Strasburg. 1539*. Faksimile / Facsimile / Fac-similé, Einführung/ Introduction, Brasshaat: Gert-Jan Buitink, 2003.

Maag, K., *Lifting Hearts to the Lord. Worship with John Calvin in Sixteenth-Century Geneva*, Grand Rapids: Eerdmans, 2016

Michaelis, O., *Elsässische Gestalten, Begegnungen in zwölf Jahrhunderten*, Strassburg: Evangelische Buchhandlung, 1942.

Pipa, J. A. Jr., "Reformed Liturgy", in Johnson, T. et al. (eds.) *The Worship of God: Reformed Concepts of Biblical Worship*, Ross-shire (Scotland): Christian Focus Pub. (Mentor), 2005, 121-160 (Pipa는 Terry Johnson, *Leading in Worship*, Oak Ridge, TN: The Covenant Foundation, 1996, 7을 참조한다).

Poythress, D., *Reformer of Basel. The Life, Thought, and Influence of Johannes Oecolampadius*, Grand Rapids: Reformed Heritage

Books, 2011

Speelman, H. A., *Calvin and the Independence of the Church*, Göttingen: Vandehhoeck Ruprecht, 2014.

Zahn, J., *Die Melodie der deutschen evangelischen Kirchenlieder aus den Quellen geschöpft*, Gütersloh 1889-1893 (6 Bde.), ND Hildesheim 1997.

마르틴 하아스, 『훌드리히 츠빙글리』, 정미현 역, 서울: 한국기독교장로회신학연구소, 1999.

로버트 갓프리, 『칼빈: 순례자와 목회자』, 김석원 역, 서울: 부흥과개혁사, 2009.

김헌수, "칼빈의 예배 개혁", in 김명순 / 김헌수 / 코넬리스 반 담, 『칼빈의 예배 개혁과 직분 개혁』, 서울: 성약, 2013 / 2015.

http://en.wikipedia.org/wiki/Genevan_Psalter